PWY TI'N FEDDWL WYT TI?

Pwy ti'n feddwl wyt ti?

Eirlys Wyn Jones

Argraffiad cyntaf: 2019
ⓗ testun: Eirlys Jones 2019

Rhif Llyfr Safonol Rhyngwladol:
978-1-84527-696-6

Cyhoeddwyd gyda chymorth Cyngor Llyfrau Cymru

Cynllun y clawr: Eleri Owen

12 Iard

Rwy'n cyflwyno'r nofel hon i fy ngŵr, Griff, ac i'n plant,
Lynne, Iolo a Non a'u teuloedd, am fy nghefnogi bob
cam o'r daith.

Hoffwn ddiolch i Wasg Carreg Gwalch am gael digon o ffydd yn y nofel i'w chyhoeddi ac yn arbennig i Nia Roberts am ei harweiniad medrus a brwdfrydig.

Diolch yn arbennig i Mrs. Mair Jones, Ty'n Llan, Llanystumdwy, fy athrawes Gymraeg yn Ysgol Ramadeg Pwllheli ers talwm, a ofalodd ein bod yn cael sylfaen gadarn i'n hiaith.

1

'Pwy ti'n feddwl wyt ti?'

Teimlais y poer yng ngeiriau Enfys yn tasgu drwy linell y ffôn i mewn i 'nghlust nes roeddan nhw'n pigo'r drwm fel cawod o genllysg mân. Gwasgais y botwm coch, a sylwi bod fy llaw yn crynu wrth i mi roi'r teclyn yn ôl yn ei wely. Dechreuodd fy nghoesau wegian gan fygwth fy ngollwng ar deils llawr y gegin. Yn byped llipa, gafaelais yn y gadair agosaf a rhoi fy nhalcen i bwyso ar orchudd plastig oer y bwrdd. Caeais fy llygaid.

Sut oedd pethau wedi mynd mor ddrwg rhyngom ni'n dwy?

Fedrwn i ddim dioddef ffrae arall fel hon – roedd hi fel tasa 'na law greulon yn rhoi cyllell yn fy stumog a throi'r llafn cyn ei thynnu allan. Dyna faint roedd geiriau fy chwaer yn fy mrifo. Ond byddai cyllell wedi rhoi diwedd ar bopeth, nid gadael i'r geiriau miniog ddal i gnoi am ddyddiau ac wythnosau, i aros am yr hergwd nesa. Pam mai fi oedd yn gorfod ildio'n dawel a bod yn gall bob tro? Ro'n i wedi blino cau fy ngheg wrth wrando ar Enfys yn cecru, ac mi fyddwn yn trio dilyn esiampl 'Nhad. 'Taw bia hi' neu 'calla dawo' – dyna fyddai cyngor y creadur addfwyn pan fydden ni'n cwyno wrtho am ryw ffrae neu'i gilydd yn yr ysgol ers talwm, a ninnau wedi cael cam. Mi fu'n gas gen i unrhyw wrthdaro erioed, er 'mod i ambell waith yn cael fy nhemtio i sgrechian a bytheirio, ond sylweddolais pan oeddwn yn blentyn na fyddai hynny'n gwneud lles i neb na dim.

Cenfigen. Rhyw hen genfigen wirion oedd wedi suro Enfys a chodi rhyw fur mawr rhyngom ni'n dwy, er i mi ddweud wrthi droeon y buaswn yn rhoi rhywbeth am gael newid lle efo hi a symud o'r twll di-fflach 'ma. Yn amlach na heb, mi fyddai hi'n llawn cyffro am ei chynlluniau diweddaraf ac am y gwyliau fyddai ar y gweill ganddi, heb gymryd sylw ohona i. Dod â phob sgwrs i ben wrth edliw pethau i mi efo'i geiriau cas.

Gwyddwn beth fyddai ymateb Lloyd petawn i'n cwyno wrtho am Enfys pan ddeuai i'r tŷ am ei de a 'ngweld i'n dal i eistedd wrth y bwrdd heb hyd yn oed roi'r dŵr i godi berw ar yr Aga, a fynta ar frys i fynd allan i borthi.

'Twt, anghofia hi. Tydi hi'n meddwl am neb ond hi'i hun, a chael amsar da yn gwario pob dima yn crwydro a rigio. Ella na ddylwn i ddeud y ffasiwn beth am dy chwaer, ond dwn i ddim sut y gwnaeth yr Ed 'na ei diodda hi cyhyd, wir, ac mi oedd 'na fai arnoch chitha i gyd hefyd, ei difetha hi'n rhacs. Pam na wnei di ildio a rhoi'r hen lestri 'na iddi hi? Tydyn nhw'n dda i ddim, nac'dyn, dim ond gwneud pethau'n waeth maen nhw.'

Doedd y llestri yn werth dim i Lloyd, a wnes innau erioed egluro iddo faint roeddan nhw'n ei olygu i mi.

Codais, a dechrau paratoi ei de cyn iddo gyrraedd yn ei ôl o ble bynnag yr aeth o. Llusgais fy nhraed i'r pantri cyfyng i nôl y tun cacen a thorrais dalp o fara brith ... rysáit ei fam ... a thaenu menyn yn dew arno. Ar ôl rhoi'r plât ar y bwrdd, taflais fagyn te i mewn i'r mŵg a'r llun tractor arno a rhoi hwnnw wrth ochr y plât cyn nôl y jwg llefrith o'r oergell hynafol fu'n gwichian a thuchan yng nghornel y gegin ers blynyddoedd. Wrth i mi symud o un pen y stafell i'r llall tawelodd fy meddwl ryw chydig, er bod geiriau cas Enfys yn dal i gorddi yn rhyw gongl fach o 'mhen.

'Pwy ddiawl ti'n feddwl wyt ti?'

Do'n i ddim am i Lloyd weld 'mod i wedi cynhyrfu, felly es i fyny'r grisiau am y llofft ac eistedd ar silff lydan y ffenest oedd yn edrych allan dros y buarth. Doedd dim wedi newid ers i mi gyrraedd yno yn ferch ifanc, yn awyddus i blesio fy ngŵr newydd a'i fam. Agorai drws y gegin yn syth i'r buarth, a heblaw am y stribyn concrid cul o flaen y drws roedd pawb yn gorfod camu yn syth i'r mwd pan oedd y tywydd yn wlyb, neu i'r llwch drewllyd os oedd y tywydd wedi bod yn sych am rai dyddiau. Doedd fawr o ddewis rhwng y ddau a dweud y gwir: sgidiau trymion yn cario'r mwd yn swtrach ar deils coch llawr y gegin, neu'r gwynt diddiwedd o gyfeiriad cribau Elidir a chwythai'r llwch a'r blew ci dros y trothwy a than bob dodrefnyn yn y stafell.

Roedd y gwartheg yn y sied yn brefu i swnian am eu silwair, ond doedd Land Rover Lloyd byth wedi cyrraedd y cowt. Hwyliai cymylau duon o'r gorllewin i foddi'r llygedyn haul hydrefol oedd yn paratoi i noswylio. Trois fy mhen a gadael i'm llygaid grwydro o gwmpas y stafell fach oeraidd. Sawl gwaith dros y blynyddoedd bûm yn breuddwydio am gael deffro yn y llofft ffrynt, a chael ymestyn fy mreichiau allan o dan y cwilt i deimlo pelydrau croesawgar yr haul wrth iddo godi dros y foel a thaflu ei chysgod dros gaeau ucha'r fferm. Ond na! Roedd yn well gan Lloyd y llofft gefn sy'n edrych dros y buarth, er mwyn cadw llygad ar bob dim – ac yn sicr, wnâi o ddim ystyried cysgu dan gwrlid plu. Mae'n well ganddo fo ddwy neu dair o blancedi gwlân wedi eu stwffio o dan ymylon y fatres gan adael dim ond ceg gyfyng, fel amlen, i ni i lithro i mewn rhwng y cynfasau cotwm oer. Dwi'n teimlo weithiau yn union fel taswn i'n cysgu rhwng cloriau trymion y Beibl mawr oedd yn gorwedd ar y pulpud ers talwm. O gwmpas y gwely yn ein gwarchod mae dodrefn Stag tywyll: wardrob, cwpwrdd tal a bwrdd gwisgo. Gallaf ddychmygu fy hun ynghlwm wrth eu dolenni aur, fel y dywysoges fach ddiniwed honno y bûm yn darllen ei stori i Enfys, Huw a Llinos ers talwm. Honno fu'n disgwyl i'w thywysog gyrraedd i'w hachub a'i gollwng yn rhydd. Mae'r stafell yn union fel cell. Dim llyfr ar agor wrth ochr y gwely – cysgu'n fuan amdani os ydan ni am godi ben bore. Dim tusw o flodau ar silff y ffenest gan fod clefyd y paill Lloyd yn gwahardd hynny, ond mae digonedd o rosynnau pinc yn rhedeg yn groes gornel ar y papur wal a gafodd ei ddewis gan fam Lloyd i groesawu ei merch yng nghyfraith dros chwarter canrif yn ôl.

Fu dim esgus i ailbapuro, a chollodd y rhosynnau ddim o'u lliwiau gan eu bod yn saff yn y cysgod. Fel finna.

Fi?

Pwy ydw i?

Delyth Tŷ Capel.

Delyth chwaer Enfys.

Delyth gwraig Lloyd Penbryniau.

Delyth mam Huw a Llinos.

Mae 'na rywbeth yn tynnu y tu mewn i mi wrth feddwl am Llinos. Be mae hi'n ei wneud, tybed? Mae gen i hiraeth mor ofnadwy ar ei hôl, a'r ddwy ohonom wedi bod mor agos, yn enwedig ar ôl iddi gyrraedd ei harddegau. Dwi'n cofio fel y byddai hi'n fy mherswadio i fynd efo hi i Landudno i siopa, ac ar ôl dod adref mi fydden ni'n smyglo'r bagiau trymion yn slei bach o'r car i fyny'r grisiau, rhag i Lloyd sylwi a gwgu ar y gwastraff arian. Cau drws y llofft, ac yna gollwng ein hunain ar y gwely mewn ffitiau o chwerthin. O, mi ydw i'n colli ei chwmni. Ar ôl ei blwyddyn gyntaf yng Nghaerdydd mi ddechreuodd gilio oddi wrtha i, gan dreulio mwy o amser efo'i ffrindiau yn y gwyliau a chrwydro'r cyfandir am ddeufis yn yr haf. Welais i fawr ohoni ers bron i ddwy flynedd bellach, dim ond rhyw bicio adref fydd hi am ddeuddydd neu dri dros y Dolig cyn symud ymlaen at ryw ffrindiau na wn i ddim o'u hanes. Ar y dechrau mi fyddai'n ffonio am sgwrs fach sydyn, yn enwedig pan fyddai hi angen mwy o arian at rywbeth neu'i gilydd. Do, mi ydw i wedi rhoi'r gorau i fynd i Landudno ers tro byd. Tydi hi ddim yn hwyl mynd i le felly ar fy mhen fy hun, a wnes i erioed ddisgwyl i Lloyd ddod efo fi a fynta mor brysur.

Bechod na fuasai Huw wedi penderfynu dod adref i ffermio. I ysgafnhau baich ei dad. Ond dyna fo, chwilio am waith yn y dre wnaeth o, a chael swydd lân a chyfforddus mewn swyddfa cyfrifydd.

Teimlais don o dristwch yn chwalu drosta i pan sylweddolais fy mod bron yn hanner cant ac yn dda i fawr ddim i neb bellach. Ar ôl yr holl flynyddoedd o fagu a gofalu doedd neb erbyn hyn yn gwirioneddol ddibynnu arna i, neb fy angen o ddifri. Efallai fod Lloyd a Huw yn disgwyl bwyd ar y bwrdd yn ei bryd, ond mi fuasai'r ddau yn siŵr o ddygymod taswn i ddim yma.

Dwi wedi colli cymaint. Hyd yn oed wedi colli nabod arnaf fi fy hun, a hynny heb i mi sylweddoli'n iawn pwy oeddwn i yn y lle cynta, nac o ble dois i.

Eisteddais ar silff y ffenest yn fud am hir cyn codi a sefyll o flaen y drych i edrych yn fanwl ar y Delyth a syllai yn ôl arna i. Ambell flewyn gwyn mewn gwallt gwinau oedd wedi ei glymu ar ei gwegil fel cynffon ceffyl, dau lygad tywyll, di-sbarc a golwg bell ynddynt mewn wyneb gwelw, heb arlliw o golur arno. Corff yn cuddio'n swil mewn pâr o jîns di-siâp a hen siwmper rygbi las a gwyn fu'n perthyn i Huw ar un adeg. Fel hyn dwi'n edrych ers sbelan bellach, meddyliais. Doedd dim i f'ysgogi i newid. Dim rheswm i wario ar ffrogiau bach del a sgidiau ffansi, a finna yn mynd i nunlle i'w gwisgo.

Arna i fy hun oedd y bai, mae'n siŵr, am fodloni ar fy myd. Troi fy nghefn ar bob dim, heb sylwi mor gyflym roedd y blynyddoedd yn pasio heibio.

Clywais sŵn y Land Rover yn cyrraedd yn ôl ac yna Lloyd yn chwibanu'n hapus wrth nesáu at y tŷ: 'Myfi sydd fachgen ieuanc ffôl ...'

'Helô! Delyth, dwi'n ôl!'

Fedrwn i mo'i ateb, dim ond dal i syllu i grombil y drych. Clywais ei lais drachefn yng ngwaelod y grisiau.

'Del, dwi adra!' Galwais arno fod gen i gur yn fy mhen a bod ei de ar y bwrdd. 'O, ocê, cyw. 'Sa chdi'n lecio panad?'

Pan atebais nad oeddwn angen un, gwyddwn ei fod yn falch o gael sbario llusgo i'r llofft a cheisio cario'r te heb golli tropyn ohono i'r soser. Un felly oedd Lloyd, yn hollol fodlon ar ei fyd cyn belled na ferwai'r llefrith dros ymyl y sosban. Ymhen sbel clywais ddrws y cefn yn agor a chau ac yntau'n mynd allan at ei wartheg.

Gadawyd fi unwaith eto ar ben fy hun yn y distawrwydd unig i bendroni dros eiriau sbeitlyd Enfys. 'Pwy ti'n feddwl wyt ti?' Roeddan nhw'n dal i fy mhoeni, gan na wyddwn i ddim yn iawn, mewn gwirionedd, beth oedd yr ateb.

Penderfynais na fedrwn anwybyddu ei chwestiwn. Roedd yn rhaid i mi ddarganfod yn union lle'r aeth yr hen Ddelyth cyn iddi fynd yn rhy hwyr ... ond fedrwn i ddim meddwl yn glir yma ym Mhenbryniau – roedd gormod o ofynion arna i o fore gwyn tan nos. Llnau, bwydo pawb ... y cŵn, y cathod a'r ieir ... Huw a Lloyd. Ond roedd digon o fwyd yn y tŷ, a wnâi hi ddim drwg i'r ddau forol drostyn nhw'u hunain am ychydig ddyddiau. Byddai popeth yn siŵr o fynd yn ei flaen fel arfer.

Cyn i mi newid fy meddwl agorais ddrws y wardrob, gafael yn y bag mawr oedd yn cuddio y tu ôl i'r dillad a hongiai yno a'i roi ar y gwely. Petrusais braidd cyn gafael yn fy nghôt law ddu a phâr o fŵts hir a'u rhoi yng ngwaelod y bag. Yna, yn fwy beiddgar, lluchiais bâr o jîns glân, crys T gwyn a siwmper las golau o ddrorau'r cwpwrdd tal ac ychwanegu llond llaw o ddillad isaf a sanau. Cerddais ar draws y landin ac es â'r bag i mewn i'r llofft ffrynt lle arferai mam Lloyd gysgu. Ystafell fawr braf a gwres y mymryn haul fu'n tywynnu drwy'r ffenest ers y bore yn dal i'w deimlo ar y rhes o glustogau moethus a orffwysai ar y silff. O boptu'r ffenest roedd llenni hir lliw hufen, yn union yr un hufen â'r carped, a dillad melyn a hufen ar y gwely mawr oedd yn cyd-fynd â'r dodrefn pin ysgafn. Llofft groesawgar gynnes, llofft sbâr erbyn hyn ... ond sbâr ar gyfer pwy? Fyddai neb yn dod draw i aros atom. Yn sicr fu Ed ac Enfys ddim yn aros yma, byth ers i Enfys ffraeo efo fi o achos y llestri. Dyna fyddai wrth wraidd y cecru ar ddiwedd pob sgwrs. Byddai yn eu hedliw i mi, ac yn waeth na dim yn fy nghyhuddo o berswadio Mam i'w gadael nhw i mi er 'mod i'n gwybod yn iawn ei bod hi, Enfys, yn casglu'r patrwm du a gwyn hwnnw. Roedd ei chlywed yn dweud hynny yn mynd at fy nghalon. Mi wn y dylwn fod wedi dangos llythyr Mam iddi flynyddoedd yn ôl, ond fedrwn i ddim, rywsut. Roedd rhywbeth yn fy atal bob tro y dechreuwn egluro iddi pam fy mod am ddal fy ngafael yn y llestri. Ac o'r herwydd, y tu ôl i lestri gorau mam Lloyd yn y cwpwrdd gwydr y buon nhw'n cuddio, heb eu tynnu allan o gwbwl. Rhyw ddiwrnod dwi'n bwriadu eu rhoi i Llinos, gan obeithio y bydd gen i ddigon o hyder erbyn hynny i egluro popeth i fy nheulu.

Cyn i mi guddio'r bag o dan y gwely agorais ddrôr un o'r cypyrddau a byseddu'r bocs oedd yn swatio yn y pen draw o dan y tyweli gwynion ro'n i wedi eu prynu ar gyfer ymwelwyr yn y gobaith y deuai Enfys neu rai o ffrindiau Llinos draw i aros. Agorais y bocs a gafael yn y rholyn o bapurau: ambell bumpunt a decpunt a fyddai, os oeddwn i'n lwcus, ar ôl yn fy mhwrs ar ôl prynu negesau i'r tŷ. Dyma fy nghyfrinach fach i – fy ngobaith am ychydig ddyddiau o wyliau, hwyrach, un diwrnod. Crwydro i'r llefydd y byddai Enfys ac Ed yn arfer sôn amdanynt. Efallai, cyn i ni fynd yn rhy hen, y byddai Lloyd yn cytuno i ddod efo fi ... dim ond rhyw *short break* fel y byddai Enfys yn eu galw. Rhufain ... Paris ... Barcelona ... gyda'u holl gelfyddyd gain. Mi fuaswn i wrth fy modd yn cael eu gweld, ond mi wn yn fy nghalon mai breuddwyd ffôl ydi hi. Mi ddylwn fod yn gwybod na fyddai hi'n bosib i ni'n dau adael y fferm a'r anifeiliaid, a neb arall ganddon ni i edrych ar eu holau. Fu gan Huw fawr o ddiddordeb mewn ffermio erioed, a chwarae teg i Lloyd, er ei fod yn siomedig pan sylweddolodd hynny ar y dechrau, gadael i Huw ddilyn ei gŵys ei hun wnaeth o, heb bwyso arno i wneud rhywbeth nad oedd o'n ei fwynhau. Agorais y rholyn a chyfri'r papurau'n ofalus: pum cant tri deg a phump. Oedd hynny'n ddigon i mi fedru dwyn amser i mi fy hun am ryw sbelan fach, i mi gael 'styried o ddifri gwestiwn Enfys?

Rhag ofn i mi newid fy meddwl agorais geg y bag a thrawais y bocs ar ben y dillad cyn ei gau, a'i stwffio o dan y gwely o'r golwg. Dim ond cael a chael oedd hi i mi gau drws y llofft yn ddistaw ar f'ôl cyn i Lloyd gyrraedd y tŷ ar ôl gorffen porthi, ac un droed iddo yn barod ar ris isaf y grisiau. Cymerais anadl ddofn cyn cychwyn i lawr i'w gyfarfod.

'Sut mae dy ben di, Del?' gofynnodd, a chyn i mi gael cyfle i'w ateb aeth yn ei flaen. 'Ti'n ddigon da i gychwyn swpar? Dwi newydd gofio fod gen i bwyllgor Tir Glas am saith.'

'Mi fydd yn barod erbyn i ti molchi a newid,' atebais, yn fwy swta nag arfer, gan obeithio na sylwai Lloyd ar yr euogrwydd yn fy llygaid.

Yn yr oergell roedd gweddill cawl pwmpen y diwrnod cynt ac ychydig o gig cyw iâr oer. Rhoddais y cawl yn y meicro a'r cig rhwng dwy dafell o fara menyn. Erbyn i Lloyd ddod i'r gegin ro'n i wedi tywallt ei de i'r mŵg wrth ochr y plât, rhoi dwy lwyaid o siwgr ynddo a'i droi ... yn reddfol ... yn barod iddo ei yfed. Cythrodd am ei fwyd gan edrych ar y cloc bob yn ail â pheidio.

'Diolch, Del,' meddai wrth godi a mynd at y drws. 'Fedri di gael hyd i rif ffôn y boi trin traed 'na cyn i mi ddod yn ôl? Fydda i ddim yn hwyr, siawns ... ella yr a' i am beint bach efo'r hogia i'r Ring cyn dŵad adra.'

Wnes i ddim clirio'r llestri, dim ond eistedd yn fud wrth y bwrdd.

I ble ddiflannodd y blynyddoedd? Wnes i ddim sylweddoli tan yn ddiweddar 'mod i wedi colli cysylltiad â'm hen ffrindiau ysgol i gyd. Mi fyddaf yn gweld ambell un oedd yn arfer mynd i'r Clwb Ffermwyr Ifanc ers talwm, o dro i dro, a chael sgwrs fach sydyn – am y plant gan amlaf. Ond ble aeth fy ffrindiau pennaf? Y ffrindiau y byddwn i'n rhannu cyfrinachau â nhw? Duw a ŵyr lle maen nhw'n byw erbyn hyn. Y cardiau Dolig wedi hesbio o un i un yn raddol dros y blynyddoedd, ac er i ni addo cadw mewn cysylltiad, wnaethon ni ddim. Priodi a symud i ffwrdd, dyna wnaeth pawb. Wrth gwrs, doedd dim ffonau symudol pan oeddan ni'n ifanc – sgwennu pwt o lythyr oedd yr unig ffordd o gysylltu. Roedd y teliffon yn rhy ddrud i'w ddefnyddio i 'janglio am oriau', fel y byddai mam Lloyd yn ddweud. Teclyn ar gyfer galw'r ffariar neu'r tarw potel yn unig oedd o ym Mhenbryniau. Heblaw i mi ddigwydd taro ar Nerys Brynhyfryd yn y Steddfod, doeddwn i ddim wedi gweld yr un ohonyn nhw ers dros bum mlynedd ar hugain.

Wrthi'n clirio'r byrddau ym mhabell Merched y Wawr oeddwn i, a dyna lle'r oedd hi, Nerys, yn eistedd efo'i phaned.

Bu bron i mi ei hosgoi yn bwrpasol gan ei bod hi'n edrych mor hunanfeddiannol a thrwsiadus yn ei ffrog o liain gwyn, pob blewyn o'i gwallt graenus yn ei le a'r colur ar ei hwyneb yn dal yn ffres er gwaetha'r gwres llethol. Ro'n i, ar y llaw arall, yn teimlo fel cath wedi ei thynnu drwy'r drain, gan fod cudynnau o 'ngwallt yn glynu yn fy ngwar a smotiau duon y chwys o dan fy ngheseiliau i'w gweld yn blaen ar fy mlows goch. Ond o'r diwedd mentrais i'w chyfeiriad gan esgus casglu'r cwpanau budron oddi ar y byrddau. Closiais yn swil tuag ati cyn yngan rhyw 'helô' bach diniwed.

'Delyth! Delyth Tŷ Capal, myn diân i,' galwodd, a neidio ar ei thraed. 'Wel, wel – sut wyt ti, 'rhen goes?'

Doedd dim rhaid i mi fod wedi poeni – doedd hi wedi newid dim. Yr un wên lydan a'r un olwg ddireidus yn ei llygaid. Ro'n i'n cael yr argraff ei bod yn wirioneddol falch o 'ngweld i, ac addewais ei chyfarfod ar ôl i fy shifft yn y stondin ddod i ben ymhen rhyw hanner awr.

Yfais wydraid o ddŵr oer ar ei dalcen, rhoi crib drwy fy ngwallt a tharo mymryn o bowdwr ar fy nhrwyn cyn cychwyn ati, ac erbyn i mi ei chyrraedd roedd dwy botel fach o win a chwpanau plastig wedi eu gosod ar y bwrdd picnic i ddisgwyl amdanaf. Bu'r ddwy ohonom yn sgwrsio'n ddi-ben-draw a hel atgofion am yr hen ddyddiau – roedd hithau hefyd wedi colli cysylltiad â chriw'r ysgol ar ôl iddi adael y coleg a chael swydd gyda chwmni ymgynghori ariannol. Buan iawn y cafodd ddyrchafiad a'i symud o gangen i gangen nes iddi gyrraedd ei swydd bresennol yn rheolwraig ar swyddfa yn Lerpwl. Roedd yn briod a chanddi un ferch fach ddeg oed, Rowena. Teimlais yn fychan, braidd, pan holodd am fy mywyd i. Be oedd gen i i'w ddweud a fyddai o ddiddordeb iddi hi? Priodi, gwraig fferm, plant. Gwyliau? Na, dim amser (nac arian). Ond doedd dim rhaid i mi deimlo felly, sylweddolais – yr un hen Nêr oedd yn eistedd o 'mlaen, er bod ein bywydau wedi dilyn llwybrau hollol wahanol. Myngialais rywbeth ynglŷn â pha mor lwcus oedd hi o'i swydd a ffug-wirionodd hithau ar fy myd i; '... dim pwysau gwaith meddyliol a rhyddid i grwydro'r caeau yn yr awyr agored efo'r cŵn a ballu.'

Dwi'n cofio meddwl tybed oedd hi'n teimlo'r un fath â finna, yn unig a di-werth, weithiau? Go brin, a'i bywyd yn ei dwylo hi ei hun, yn ôl pob golwg. Roedd Nerys yn rheoli pobl yn hytrach na gadael iddyn nhw ei rheoli hi. Mae'n rhaid bod ganddi hi syniad reit dda o bwy ydi hi.

Cyn i ni wahanu cyfnewidiodd Nerys a finna ein rhifau ffôn ac yngan yr un hen addewid ag a glywais ddegau o weithiau o'r blaen, i gadw mewn cysylltiad ... addewidion na chawsant eu gwireddu.

'Haia Mam! Be sy 'na i swpar?'

Torrodd llais Huw ar fy myfyrdod wrth iddo ruthro i'r gegin. 'Dwi 'di cael uffar o ddiwrnod prysur, wedyn mi es i am gêm o sboncen a pheint efo Gwyn i drio anghofio am waith.'

Fedrwn i wneud dim ond gwenu'n llipa pan darodd gusan frysiog ar fy nghorun wrth basio, a sibrwd yn dawel wrtha i fy hun, 'Doedd fy niwrnod inna ddim yn sbesial chwaith, Huw, diolch i ti am ofyn.' Codais fy llais i ddweud bod gen i gur yn fy mhen a 'mod i am fynd i'r gwely'n gynnar.

'O, iawn, Mam,' galwodd Huw o grombil yr oergell wrth durio ynddi i chwilio am rywbeth i'w fwyta.

Ar ôl i mi gyrraedd y llofft eisteddais ar y gwely. Fedrwn i ddim treulio 'run diwrnod undonog arall yma, yn anweledig, bron â bod, a 'mhen yn troi wrth ddychmygu pob petai a phetasai. Roedd yn rhaid i mi gael amser i feddwl, neu yn fy unfan y byswn i am weddill fy oes, yn yr un rhigol, 'heb wyro i'r aswy nac i'r dde' chwedl yr hen emyn. Ro'n i angen llonyddwch, ar ben fy hun, heb neb i darfu arna i, i chwilio am atebion ac i geisio dod o hyd i mi fy hun. Ond i ble'r awn i? Oedd Sir Fôn yn ddigon pell? Sylweddolais nad oeddwn wedi gadael fy nheulu ers i mi briodi, heblaw am ambell drip bach yma ac acw gydag Undeb y Ffermwyr neu Ferched y Wawr.

Wrth i mi bendroni lle fyddai orau i mi fynd cofiais rywbeth ddywedodd Nerys wrtha i yn y Steddfod. Tybed fyddai hi'n barod i fy helpu? Oeddwn i'n ddigon digywilydd i ofyn iddi hi am ffafr? Gorweddais yn ôl a rhoi 'mhen ar y gobennydd i aros am sŵn Huw yn rhuthro allan unwaith yr oedd o wedi bwyta a molchi. Pan glywais glep y drws cefn a rhu injan ei gar, mentrais i lawr i'r gegin i estyn y ffôn o'm bag oedd yn hongian ar gefn y drws.

2

Daeth enw a rhif Nerys i fyny ar y sgrin fach. Oedodd fy mys am eiliad uwchben y botwm cyn ei bwyso. Oeddwn i'n gall, yn meddwl dianc heb ddweud gair wrth neb? Nac oeddwn, mae'n debyg, ond roedd teimlad cryf yng nghrombil fy stumog yn fy annog i barhau. Gwasgais y botwm a chodi'r ffôn at fy nghlust. Canodd dair neu bedair gwaith, ac roeddwn ar fin ei ddiffodd pan glywais ei llais yn ateb yn gadarn.

'Helô, Nerys Thompson.'

'He... helô, Nerys. Delyth sy 'ma.' Dim ymateb. 'Delyth Tŷ Capal,' meddwn wedyn.

'O, Del! Wel, am syrpréis. Sut wyt ti, 'rhen goes?'

'Go lew ydw i, Nêr, a dwi angan dy help di.' Clywais fy llais yn cwafrio wrth ei hateb, ond doedd dim troi'n ôl bellach.

'Bobol annw'l, be sy, Delyth fach? Ydi pawb yn iawn yna, Lloyd a'r plant ... a'r ffarm?'

Wrth gwrs, roedd yn naturiol iddi feddwl am y busnes, gan ei bod yn delio â phroblemau ariannol bob dydd wrth ei gwaith.

'Na, dim byd fel'na. Y fi sy.' Llyncais fy mhoer cyn chwydu'r cyfan allan. 'Dwi 'di sylweddoli mwya sydyn fod y blynyddoedd wedi hedfan i rwla ... a finna wedi mynd ar goll efo nhw. Dwi isio llonydd i feddwl – rhyw wsnos bach i mi fy hun – a dwi'n chwilio am le i aros. Ti'n cofio chdi'n sôn wrtha i yn y Steddfod bod gen ti gwch ar y gamlas? Mi wn i'ch bod chi'n treulio dipyn o amsar arno fo, ond meddwl o'n i tybad ydi o ar gael ...?'

'Yndi'n tad,' atebodd Nerys, bron cyn i mi orffen fy mrawddeg. 'Fyddwn ni ddim yn mynd yno tan y flwyddyn newydd bellach, heblaw am bicio am y diwrnod bob hyn a hyn i wneud yn siŵr fod popeth yn iawn. Mae croeso i ti aros yno. Ddaw 'na neb ar dy gyfyl di. Mae o wedi'i angori yng ngwaelod gardd hen fodryb i Kenny, ond wneith yr hen wraig ddim sylwi dy fod ti yno gan 'i bod hi'n fusgrall iawn a bron yn ddall bellach. Mae'r lle dafliad carreg o ganol y Waun, ac mae bob dim y byddi di'i angan ar y cwch, heblaw bwyd ffres. Mi ddyla fod 'na ddigon o goed tân ar gyfer y stof yn y cwt yng ngwaelod yr ardd, ac yn fanno mae'r plwg letrig hefyd. Mae'r weiran i'w gysylltu efo'r cwch yn hongian ar y wal.'

Byrlymodd geiriau Nerys yn frwdfrydig, fel petai'n llywio trafodaeth fusnes gyda chwsmer pwysig. 'Mi weli di ein bod ni wedi rhoi toiled yn y cwt hefyd, i arbed defnyddio'r un ar y cwch – os defnyddi di hwnnw fydd dim rhaid i chdi wagio'r casèt mor aml. Mae'r gwely dwbwl yn ddigon mawr os ydi Lloyd yn ffansïo dod atat ti am noson neu ddwy ... mi fysa'n newid mawr iddo fo, dwi'n siŵr.'

Pan sylweddolodd fy mod wedi mynd yn fud, oedodd.

'Bod ar fy mhen fy hun dwi isio, 'sti. Rhyw gyfle i feddwl ...' dechreuais.

'O ... ydi bob dim yn iawn rhyngthach chi'ch dau, ydi?'

'Yndi, siŵr iawn. Fu 'run gair croes rhyngthan ni ers diwrnod ein priodas. Y fi sy 'di cael rhyw hen hoen wirion yn 'y mhen. Beryg 'mod i wedi colli nabod arna i fy hun ers blynyddoedd, ond heb sylwi hynny tan rŵan. Llonydd dwi angen, Nêr, a dwi ddim am i neb wybod lle dwi'n mynd. Dwi mor ddiolchgar i chdi, ac mi dala i am letric a ballu ...'

'Twt, paid â chyboli – a phaid â phoeni chwaith. Sonia i ddim wrth neb. Dreifio lawr wnei di?'

'Na, 'sa'n well gen i beidio, neu mi fydd rhywun yn siŵr o sylwi ar y car.'

Ar y llaw arall, go brin y byddai Lloyd yn codi andros o ffŷs, ystyriais, taswn i'n egluro'r sefyllfa'n ddigon clir iddo fo. Fyddai 'na fawr o beryg iddo fynd at yr heddlu i riportio 'mod i wedi diflannu, na mynnu sylw ar raglenni newyddion a'r cyfryngau cymdeithasol. Ond er hynny, tasa'r car gen i, mi allai rhywun ei olrhain yn ôl i Benbryniau, ac mi fysa hynny'n chwarae ar fy meddwl.

'Y peth gorau felly fysa i ti ddal trên o Fangor i Gaer a newid yn y fan honno am yr Amwythig a dod i lawr yn stesion y Waun. Mae 'na dipyn bach o ffordd i gerddad o'r fan honno i lawr y stryd nes y gweli di arwydd am y llwybr towio wrth ochr y gamlas. Dilyna fo i'r chwith, ac ymhen sbel mi ddoi di at bont a rhif dau ddeg un arni – dos i fyny dros honno ac yna tro yn ôl ar hyd ffordd gul i'r dde am tua chwarter milltir nes y cyrhaeddi di dŷ o'r enw Kingfisher. Dos ...'

'Aros am funud wir, Nerys, i mi gael hyd i bapur a beiro i daro hyn i lawr,' torrais ar ei thraws.

'Fel ro'n i'n deud,' aildaniodd ei llais ar ôl saib fer, 'dos drwy'r giât fach wrth dalcen y tŷ ac i lawr yr ardd at y cwt. Mae'r goriad o dan y bin du, ac yn y cwt mae goriad y cwch yn mhoced y gôt sy'n hongian ar gefn y drws. Ar wal cegin y cwch mae 'na gyfarwyddiadau ar sut i weithio pob dim, a tydi'r siopau ddim yn bell iawn. O, mi gei di amser braf – mae'n ddifyr gwylio'r cychod yn mynd a dŵad i fyny a lawr y gamlas. Mae rhai o'r cychwyr yn betha reit rhyfadd, ond mi wnei di gyfarfod rhai digon clên hefyd. Mae'n ardal dawel braf, ac mi fydd gen ti drwy'r dydd i ti dy hun, yn bydd? Dwi'n dy edmygu di am fynd dy hun, cofia, ac mae'n rhaid i mi gyfadda 'mod i braidd yn genfigennus hefyd. Heblaw bod gen i ormod o gyfrifoldebau yn fy ngwaith fyddai'n ddim gen i ddod efo chdi – gadael pawb a phob dim. Pa bryd wyt ti am ei chychwyn hi? Mi ro i ganiad i ti wedyn, i wneud yn siŵr dy fod ti wedi setlo.'

'Fory, neu mi fydda i wedi cachgïo. Ond dwi am droi fy ffôn i ffwrdd, 'sti, Nêr, felly waeth i ti heb â chysylltu. Dwn i ddim sut fedra i ddiolch digon i ti am dy gymwynas, cofia.'

'Twt, *all for one and one for all* a ballu, 'te? Ti'n cofio sut y byddan ni'n paldaruo ers talwm?'

Chwarddais wrth gofio hwyl ein dyddiau ysgol. 'Dwi mor falch 'mod i wedi taro arnat ti yn y Steddfod, cofia. Dwi'n addo cysylltu ar ôl dod adra ... a Nêr, dwi'n addo edrych ar ôl y cwch i ti.'

'Dwi'n gwbod y gwnei di, Delyth bach. Chdi oedd yr unig un o'r criw oedd yn agos at fod yn gyfrifol ers talwm. Ti'n cofio fel y byddat ti, yn dy ffordd dawel dy hun, yn ein perswadio i fihafio ac i beidio gwneud petha gwirion? Heblaw amdanat ti mi fasa'r gweddill ohonan ni 'di landio mewn trwbwl lawer gwaith. W'sti sut y byddai Mam yn fy nwrdio am gambihafio? Dwi'n clywed ei llais hi fel tasa hi yma efo fi y munud 'ma: "Tria ymddwyn fel Delyth Tŷ Capal, wir, yli hogan mor dawel a chall ydi hi" – dyna fydda hi'n ddeud.'

Gwenais wrth ddiolch iddi unwaith yn rhagor a ffarwelio. Pwysais y botwm coch a diffodd y ffôn yn gyfan gwbwl. Ia, 'tawel a chall'. Beth fuasai ei mam, a llawer un arall, yn ei feddwl tasan nhw'n gwybod beth oedd Delyth Tŷ Capal ar fin ei wneud?

Cyn i mi newid fy meddwl codais at y ddesg, tynnu darn o bapur allan o'r drôr a mynd â fo i fyny'r grisiau. Eisteddais ar y gwely a dechrau sgwennu.

Annwyl Lloyd,

Erbyn i ti ddarllen y nodyn yma mi fydda i wedi mynd i ffwrdd am chydig ddyddiau, ar fy mhen fy hun. Mi ofynnodd Enfys i mi ar y ffôn pwy o'n i'n feddwl o'n i – trio codi ffrae oedd hi, fel y bydd hi bob tro. Ond w'st ti be? Pan ddechreuais chwilio am ateb, fedrwn i ddim dod o hyd i un. Doedd gen i ddim syniad pwy oeddwn i. Wrth gwrs, mi fasat ti'n ateb mai Delyth ydw i, dy wraig a mam ein plant. Ond pwy ydw i yn y bôn? Mae'r hen Ddelyth wedi mynd ar goll i rywle.

Mae'n rhaid i mi gael llonydd i feddwl, Lloyd. Paid â phoeni dim amdana i, mi fydda i'n ddigon saff. A plis paid â meddwl chwilio amdana i, na ffonio chwaith. Dwi'n addo dod yn ôl pan fydda i'n barod.

Dwi'n eich caru chi i gyd,
Delyth.

Plygais y papur cyn i mi newid fy meddwl a'i guddio yn fy mag llaw efo cyfarwyddiadau Nerys. Tynnais amdanaf a tharo slempan cath dros fy wyneb cyn mynd i'r gwely i ystyried beth fyddai o'm blaen y diwrnod wedyn.

Penderfynais beidio mynd â'r car i'r stesion – mi fyddai rhywun yn siŵr o adnabod yr hen Volvo melyn sydd wedi gweld dyddiau gwell, ond yn dal i rygnu mynd. Gwneud y tro oedd o flynyddoedd yn ôl i nôl a danfon y plant pan oeddan nhw'n fengach, a dwi'n dal i bicio yn ôl ac ymlaen i'r dre ynddo fo, a lluchio negas neu fageidiau o fwyd ci i'w drwmbal. Chwadal Lloyd, roedd mwy o angen Land Rover ffres arno fo at waith y fferm na char ffansi, a daeth y Volvo yn rhan ohonom, fel rhyw hen gi ffyddlon. Dal y bws i Fangor fyddai orau ... gan obeithio na welwn i neb o'r ardal yma arno, a dal un o'r trenau i Gaer sy'n gadael bob rhyw awr.

Cyn bo hir clywais Lloyd yn cyrraedd adref, a diffoddais y lamp a throi ar fy ochr i wynebu'r pared, gan gymryd arnaf 'mod i'n cysgu cyn iddo gyrraedd y llofft. Chwarae teg iddo, tynnodd amdano yn y tywyllwch a sleifio o dan y plancedi trymion cyn ddistawed ag y gallai, rhag fy neffro.

Chysgais i fawr ddim. Roedd rhyw gricedyn o gydwybod yn mynnu fy mhrocio, ond ro'n i'n hollol benderfynol o fentro, ac yn sicr fy mod yn gwneud y peth iawn. Codais o flaen Lloyd yn ôl fy arfer, ac roedd ei frecwast yn barod ar y bwrdd erbyn iddo ddod i lawr y grisiau.

'Sut ma' dy ben di bora 'ma, Del?' gofynnodd rhwng llowcio ei uwd a darllen y *Farmers' Guardian*. 'Fedri di wneud fflasgiad o de a brechdan neu ddwy i mi at ginio? Dwi am fynd i Ruthun yn syth ar ôl porthi.'

Cyn i mi gael amser i'w ateb, rhuthrodd Huw i'r gegin, a'i wynt yn ei ddwrn fel arfer. Tywalltais de i'w fŵg a rhoi tafell o dost a marmaled yn ei law. Ar ôl llowcio ei de galwodd 'Wela i chi heno!' neu rywbeth digon tebyg i hynny, rhwng y crystyn a'i ddannedd wrth iddo ddiflannu drwy'r drws cefn.

'Be sy ar yr hogyn 'na, d'wad?' gofynnodd Lloyd, a'i ben yn

dal yn y papur, 'ar frys mawr rownd y ril? Wnaeth o ddim hyd'noed sylwi 'mod i yma.'

Ochneidiais o dan fy ngwynt a sibrwd, 'Naddo. Ti'n gweld rŵan, Lloyd bach, sut rydw i'n teimlo?' Ond chlywodd o ddim. Gafaelodd yn ei fflasg a'i focs bwyd ac anelu cusan i gyfeiriad fy moch wrth iddo yntau hefyd fy mhasio ar ei ffordd allan.

Rhoddais y llestri budron yn y sinc a safais yno, fy nwylo hyd at y garddyrnau yn y trochion sebonllyd, yn meddwl pethau mor drafferthus oedd llestri. Cyn wiried ag y byddwn yn eu sychu a'u cadw byddai'n amser eu tynnu allan drachefn i baratoi'r pryd nesaf. Roeddan nhw fel anthem gron yn clymu amdana i fel nad oedd gen i amser mewn diwrnod i wneud fawr ddim arall. Pam na fuaswn i wedi gofyn flynyddoedd yn ôl i Lloyd brynu peiriant i'w golchi? Mi fuasai wedi bod yn llawer gwell petai o ei hun wedi meddwl am y syniad ac wedi cynnig un i mi yn bresant. Crwydrodd fy meddwl at y llestri yng nghefn y cwpwrdd gwydr. Ches i fawr o gysur ohonynt hwythau chwaith, ond bu i'r llythyrau y gwnes i eu canfod yn un o'r jygiau newid fy mywyd am byth. Yn ddiarwybod iddi, roedd Enfys yn crafu'r crachod ar y briwiau bob tro y byddai'n eu hedliw i mi. Gadewais y llestri brecwast wrth ochr y sinc i sychu eu hunain am unwaith pan sylweddolais faint o'r gloch oedd hi, ac es i fyny i'r llofft i newid.

Eisteddais am funud fer ar silff y ffenest i edrych dros y buarth, a daeth rhyw don o euogrwydd drosta i. Sut mewn difri oedd Lloyd a'r plant yn mynd i ddeall 'mod i wedi mynd, er i mi addo mai dros dro fyddai hynny? Ond doedd dim troi'n ôl. Cefais gawod lugoer i'm deffro'n iawn ac erbyn i mi sychu fy ngwallt roedd y Land Rover wedi gadael. Gwisgais grys T llwyd a gyda chryn drafferth tynnais bâr o jîns glas am fy nghoesau. Roeddan nhw wedi bod yn gorwedd yng ngwaelod y drôr ers i mi eu prynu tua dwy flynedd ynghynt, pan oedd Enfys mewn hwyliau da ac wedi 'mherswadio i fynd efo hi i siopa. Daeth hi adref yn llwythog gyda bagiau'n llawn o'r ffasiynau diweddaraf, a neidiais innau allan o'r car gan afael yn dynn mewn un bag ysgafn a'r jîns yn gorwedd yn ei waelod. Rhedais i'r tŷ heb godi fy llaw arni, ar ôl gorfod gwrando ar yr un hen eiriau sbeitlyd fyddai'n difetha ein sgyrsiau bob tro. Roedd hynny'n brifo.

Synnais pan deimlais wasg y jîns yn gwasgu fy mol canol oed – roeddan nhw'n ffitio'n berffaith yn y siop – a'r defnydd cras yn crafu fy nghoesau. Mi ddylwn fod wedi eu gwisgo, neu o leiaf eu golchi er mwyn eu meddalu, ond yn y drôr y buon nhw. Efallai eu bod nhw, yn ddiarwybod i mi, yn gofnod o'r ffrae ges i efo Enfys ar ôl eu prynu. Ond eto, ches i erioed fawr o esgus i wisgo dillad newydd. Mewn ffordd, ro'n i'n croesawu'r teimlad anghyfforddus, i f'atgoffa fy mod ar fin gwneud rhywbeth na freuddwydiais i erioed y byddai gen i ddigon o blwc i'w wneud. Estynnais fy siaced las tywyll o'r wardrob cyn agor fy mag llaw a gafael yn y llythyr er mwyn ei ailddarllen. Oedd, roedd ei neges yn ddigon clir.

Camais yn llechwraidd i'r llofft sbâr, er y gwyddwn nad oedd neb arall yn y tŷ, i nôl y bag mawr gyda'r dillad a'r arian ynddo. Erbyn i mi ei lusgo i lawr y grisiau roedd yn tynnu am hanner awr wedi naw. Byddai'r bws yn pasio ceg y lôn ymhen tua deg munud. Gosodais y llythyr yn ofalus ar y bwrdd, yn pwyso yn erbyn mẁg Lloyd, fel y byddai'n ddigon amlwg. Taflais un cip sydyn dros y gegin a thynnu'r drws yn ddistaw ar fy ôl.

* * *

Dim ond tri theithiwr arall oedd ar y bws pan arhosodd i mi wrth giât y fferm. Talais am docyn i Fangor a chwiliais am sedd. Do'n i ddim wedi teithio ar fws ers blynyddoedd, ac roedd fy atgof am fysys a'u ffenestri wedi stemio, yn drewi o oglau sigaréts a dillad tamp a chwyslyd, yn wahanol iawn i'r hyn oedd o 'nghwmpas. Roedd y bws hwn fel rhyw dŷ gwydr mawr, a doedd gen i ddim gobaith o swatio y tu ôl i gefnau uchel y seti i guddio fel y byddai'r hogiau yn ei wneud ers talwm, i gael smôc fach slei ar y ffordd i'r ysgol.

Edrychais yn syth o 'mlaen, heibio'r ddwy oedd yn eistedd yn y seddi ffrynt yn clwcian eu newyddion fel dwy hen iâr. Cymdogion neu ffrindiau yn mynd am dro i'r dre efo'i gilydd, debyg ... peth na wnes i erioed. Wnaeth yr un o'r ddwy sylwi arna i wrth i mi eu pasio. Roedd rhyw greadur digon blêr a budr yr olwg yn eistedd tua'r cefn, a llithrais i eistedd y tu ôl iddo gan godi fy mag ar y sedd wrth fy ochr. Pe deuai unrhyw un fyddai'n fy nabod i ar y bws, go brin y byddai'n dewis eistedd yn agos iawn at yr hen drempyn. Ar ôl i mi basio Caer fyddai neb, siawns, yn fy nabod, ond yn y cyfamser ro'n i ar binnau pan arhosai'r bws i godi teithwyr.

Dau yn unig ddaeth ar y bws yn y pentref nesaf, a'r rheiny'n ddiarth. Gŵr a gwraig neu ddau bartner, neu frawd a chwaer, efallai, a dewisodd y ddau eistedd dair rhes o flaen y trempyn heb edrych unwaith arna i. Saeson, meddyliais, a gwalltiau'r ddau cyn hired â'i gilydd a'u gyddfau yn gwyro o dan bwysau mwclis o bob llun a lliw. Roedd modrwyau yn sgleinio ymhob rhan o'u clustiau a'u gwefusau, a dillad amryliw amdanynt. Wedi rhentu, neu brynu, un o fythynnod bach y chwarelwyr i fyny yn y topia', meddyliais. Gwyliais nhw'n sgwrsio, ben wrth ben, y naill yn syllu i lygaid y llall. Weithiau taflai un ohonynt ei ben yn ôl ar gefn y sedd i chwerthin wrth rannu jôc. Braf arnyn nhw, meddyliais, digon o amser ar eu dwylo, dim byd yn eu poeni. Roedd syllu arnyn nhw yn fy ngwneud i hyd yn oed yn fwy ymwybodol o'r unigrwydd mawr oedd wedi cau amdanaf.

Tra bûm yn synfyfyrio roedd y bws wedi cyrraedd cyrion Bangor ac yn nesáu at yr orsaf, a'r golygfeydd ro'n i wedi meddwl eu gwerthfawrogi wedi hen basio. Llusgais fy mag ar fy ôl i flaen y bws a chanu'r gloch i roi gwybod i'r gyrrwr fy mod am iddo stopio.

Roedd teithio ar drên yn brofiad dieithr iawn i mi ond cefais hyd i'r swyddfa docynnau heb ddim trafferth. Archebais docyn un ffordd i'r Waun, gan holi pryd roedd y trên nesaf yn gadael. Yn anffodus roedd gen i dros hanner awr i aros, ac er nad oedd y platfform yn brysur iawn dechreuais deimlo'n swp sâl. Be ddeudwn i taswn i'n gweld rhywun ro'n i'n ei nabod? Chwiliais am rywle tawel i eistedd mewn lle go ddistaw, a gwelais fainc unig o dan gysgod y bont droed. Setlais yno a 'mhen i lawr. Ro'n i'n teimlo mor hen a disylw wrth weld cymaint o bobl ifanc gyda'u paciau ar eu cefnau yn mynd a dod ar hyd y platfform. Braf arnyn nhw, meddyliais, gan geisio dyfalu ble roeddan nhw'n mynd. Llundain efallai, neu drosodd i Iwerddon. Roeddan nhw i gyd yn edrych mor hyderus, yn awchu am yr antur oedd o'u blaenau. A finna yn eu mysg, yn ddigon hen i fod yn fam iddyn nhw, yn cuddio o dan y bont droed fel sgwarnog fach nerfus.

Gwelais un neu ddau oedd yn fy atgoffa o Llinos a Huw, a cheisiodd yr hen lais yn fy mhen ddylanwadu arna i eto. 'Dyma dy gyfle olaf di, Delyth ... tro yn ôl cyn i ti roi dy droed ar y trên, a dal y bws nesa am adra ... fydd neb ddim callach.' Ond aros yn f'unfan wnes i, nes i mi weld golau'r trên yn ymlusgo'n araf tuag at y platfform.

Cerddais tuag ato a rhoi un ochenaid fawr wrth gamu i mewn i'r cerbyd a stwffio fy mag i'r gwagle y tu ôl i'r sedd. Prin y cefais amser i eistedd cyn i'r drysau gau, wedyn roedd yn rhy hwyr i newid fy meddwl. Ceisiais ymlacio wrth i'r trên ddechrau symud, ond cefais fy hun yn y tywyllwch, a thynhaodd pob cyhyr yn fy nghorff. Gafaelais yn dynn yng nghefn y sedd o 'mlaen. Doeddwn i ddim wedi cofio am dwnnel Bangor. Dechreuodd fy ngwddf gau nes 'mod i'n ei chael yn anodd anadlu. Er pan oeddwn yn blentyn, roedd meddwl am gael fy nghau mewn unrhyw le cyfyng, tywyll yn codi arswyd arna i. Fedrwn i ddim hyd yn oed edrych ar olygfa debyg ar y teledu – byddai'n rhaid i mi wastad droi fy mhen neu adael y stafell. Teimlai'r ychydig eiliadau du fel oes, cyn i olau dydd ffrydio'n ôl i'r cerbyd. Ceisiais gyfrif faint o dwnelau eraill y byddai'n rhaid i mi eu dioddef rhwng Bangor a Chaer, ond doeddwn i ddim yn nabod y daith yn ddigon da i gofio. Erbyn hyn roedd fy ngheg yn sych grimp a gweddïais y byddai'r troli paned yn dod heibio'n reit handi. Penderfynais droi fy sylw at y wlad oedd yn gwibio heibio ar un llaw a'r Fenai a Môn ar y llall; pob cae a phob ton a basiwn yn mynd â fi'n bellach a phellach o Benbryniau.

Llanfairfechan.

Penmaenmawr.

Junction.

Rhyl.

Rhyl: tref trip ysgol Sul ers talwm, y Marine Lake a'i ffair. Mulod druain a'u pennau i lawr, wedi diflasu ar gerdded ling-di-long drwy'r dydd, drwyn wrth din, i fyny ac i lawr yr un hen lwybrau llwch lli, yn cario plant swnllyd ar eu cefnau. Dim byd yn newid o ddydd i ddydd, dim gobaith dianc o'r tresi.

Rhyl: Delyth Tŷ Capel yn gorfod edrych ar ôl ei chwaer fach tra oedd ei mam yn siopa yn y dre.

'Mi fydd Enfys yn iawn, 'chi, mi neith Delyth edrach ar ei hôl hi ... ma' hi fel mam iddi.'

'Delyth, ti'n dod ar y ffigyr êt efo ni?'

'Na. Fedra i ddim, mae Enfys yn rhy fychan ac mi fysa ganddi ofn ...'

Berwodd y lleisiau o'r gorffennol yn fy mhen.

Fflint: ceisiais gofio geiriau Bob Robaitsh am yr asyn yn cario glo, a chyn i mi lwyddo roedd y trên yn arafu yng Nghaer. Herc sydyn cyn stopio'n stond, ac ro'n i yno. Doedd gen i ddim syniad ar ba blatfform y byddai'r trên i'r Amwythig, felly cerddais at ddyn mewn lifrai ddu oedd yn sythu'n bwysig ar y platfform.

'There, love, she's in and ready to go,' meddai gan bwyntio at un o'r trenau ar blatfform cyfagos. 'Make a dash for it and you'll be OK.'

'Thank you,' meddwn yn wylaidd, wrth ruthro gynted ag y medrwn i fyny ac i lawr y grisiau dros y trac. Llwyddais i neidio i'r cerbyd cyn i'r gard godi ei faner.

Cyn i mi gael fy ngwynt ataf roeddwn wedi cyrraedd y Waun: gorsaf fach daclus heb lawer o bobl o gwmpas. Dilynais ddynes oedd yn cario bag Marks & Spencer llawn i fyny'r grisiau tuag at y ffordd fawr. Gofynnais iddi yn fy Saesneg gorau am gyfarwyddiadau i'r gamlas ac i siop oedd yn gwerthu bwyd, ac ar ôl i mi brynu torth, ychydig o gig oer, llefrith, creision a manion eraill mewn archfarchnad fechan, cerddais i lawr y llwybr serth tuag at y gamlas.

Oedais i orffwys ar fainc ar ochr y llwybr ac estyn tamaid o siocled a photel o ddŵr o'r bag neges. Roedd yr haul yn dal yn gynnes, ac er 'mod i'n dal i fod yn bryderus fedrwn i ddim peidio â dotio at liwiau hardd y coed o'm cwmpas. Aur, melyn ac oren fel ambarél fawr uwch fy mhen, ac ambell ddeilen grin oedd wedi gollwng ei gafael yn troelli i lawr yn ysgafn i setlo ar ddŵr tawel y gamlas. Pasiodd cwch hir, cul heibio yr un mor araf â'r llif, a dilynais ef gyda'm llygaid wrth iddo anelu am geg dywyll y twnnel o dan y bont ar y dde i mi. Fesul llathen, llyncwyd y cwch gan y düwch nes iddo ddiflannu'n ddistaw heb adael dim ond ambell rych ar y dŵr ar ei ôl. Teimlais ryw wacter wrth sylweddoli mor hawdd oedd hi i rywbeth mor hardd lithro o'r golwg yn llwyr a mynd yn angof. Caeais fy llygaid a gadael i liwiau'r dail ymdoddi i'w gilydd o dan fy amrannau, a dechreuais fwynhau'r awel ysgafn, gynnes a deimlwn ar fy mochau. Mae'n rhaid fy mod wedi dechrau pendwmpian – pan agorais fy llygaid roedd yr haul wedi cilio y tu ôl i frigau'r coed tal gan fynd â'i wres efo fo. Yn ôl fy oriawr roedd yn tynnu am dri o'r gloch, felly codais fy mhac ac anelu i lawr y llwybr i gyfeiriad y cwch.

Ar ôl cerdded am ychydig sylwais fod y llwybr yn croesi pont hir oedd yn cario'r gamlas dros ddyffryn isel oddi tanaf. Arhosais yn stond. Rhedodd ias rewllyd i lawr fy nghefn, a fedrwn i ddim rhoi fy nhroed ar y bont. Uchder oedd y peth arall fu'n codi arswyd arna i ers dyddiau fy mhlentyndod. Cofiais y teimlad hwnnw a chwalai drosta i pan fyddwn yn chwarae yn y caeau ers talwm, a'r plant eraill yn fy herio i fentro cerdded dros y boncyff oedd yn croesi'r afon yng Nghorswernallt. Ysgwyd fy mhen a'i throi hi am adref fyddwn i'n ei wneud bob tro, ond heddiw, doedd gen i ddim dewis –

wyddwn i ddim am ffordd arall o gyrraedd cwch Nerys, ac roedd yn rhy hwyr i mi droi'n ôl. Dechreuais gerdded yn fy mlaen, gam wrth gam yn araf bach, heb godi fy llygaid oddi ar fy nwy droed gan adael iddynt arwain y ffordd yn ofalus. Pan dybiais fy mod wedi mynd hanner ffordd drosodd, ac nad oedd y bont yn bwriadu dymchwel a 'ngollwng i'r gwagle islaw, mentrais roi fy llaw ar y canllaw haearn. Trydanodd yr oerni fy mraich nes achosi i'r blewiach bach sythu ar fy ngwar, a thynnais fy llaw yn ôl a cherdded cyn gynted ag y medrwn am y pen arall. Ond roedd yr oedi wedi rhoi digon o amser i mi gael cip bach sydyn dros y canllaw a gweld cribau'r coed tal yn siglo yn ôl ac ymlaen yn yr awel yn isel, isel oddi tanaf, a gwartheg yn pori ar lawr y dyffryn. Dechreuais deimlo'n chwil, a rhuthrais ar draws gweddill y bont er mwyn cael pwyso fy nghefn ar foncyff coeden ger y llwybr. Caeais fy llygaid nes i mi deimlo curiad fy nghalon yn dechrau arafu.

'Are you OK, love?'

Agorais fy llygaid. Roedd cwpwl mewn oed yn syllu arnaf.

'Yes, thank you. Just felt a little dizzy after looking down there.'

Chwarddodd y ddau. 'It happens to most of us, dear,' meddai'r wraig cyn i'r ddau gerdded yn eu blaenau.

Roeddwn yn rhy swil i godi fy llaw i ateb ambell gyfarchiad a gefais gan deithwyr ar y cychod a basiai heibio. Ymddangosai popeth mor ddieithr i mi: y cychod, y pontydd a'r holl goed o'm cwmpas, ac mor wahanol i'r llethrau moel a amgylchynai Benbryniau. Tŷ cerrig llwyd a tho o lechi gleision, a'r un lliw coch wedi ei baentio, haen ar ben haen, ar fframiau'r ffenestri a'r drysau dros y degawdau. Tŷ solat heb fod angen yr un goeden o'i gwmpas i'w warchod rhag tywydd garw'r mynyddoedd. Ond yma, dim ond coed oedd i'w gweld ym mhobman o'm cwmpas; ynn, cyll, ysgaw ac ambell dderwen yn gwthio'i thrwyn rhyngddynt.

O'r diwedd cyrhaeddais bont garreg fechan a 21 wedi ei baentio'n wyn arni. Gadewais y llwybr a'i chroesi cyn dilyn y ffordd gul roedd Nerys wedi ei disgrifio i mi. Cerddais heibio rhes o fythynnod â gerddi taclus nes dod at dŷ ar ben ei hun a'r arwydd Kingfisher ar y giât. Roedd lliwiau llachar glas y dorlan wedi hen bylu dros y blynyddoedd ac roedd y llun o'r aderyn mor ddisylw ag aderyn y to. Doedd dim golwg o neb o gwmpas a throediais yn ofalus i lawr y llwybr cul heibio i dalcen y tŷ at y sied yn y cefn. Ar ôl darganfod yr allwedd agorais y drws i ymbalfalu ym mhoced yr hen gôt, cyn troi i wynebu'r gamlas.

Roedd y *Ladi Wen* yn siglo'n dawel yng ngwaelod yr ardd, a bysedd hir yr helygen bron â chyffwrdd ei tho wrth ei gwarchod.

3

Safais y tu allan i'r cwt i edrych ar y cwch camlas hir o'm blaen gan wasgu'r allwedd yn fy llaw. Rhyfeddais at y gwaith cywrain oedd arno. Du oedd lliw ei ddarn isaf ond yn uwch i fyny roedd patrymau hardd o goch, gwyrdd a melyn wedi eu paentio ar gefndir gwyn, ac addurniadau pres yma ac acw yn dal i sgleinio er bod yr haul bron â machlud. Symudai cysgodion canghennau'r helygen drosto wrth iddynt ddawnsio yn y gwynt ysgafn. Teimlais braidd yn simsan pan roddais fy nhroed ar y plancyn oedd yn ei gysylltu â'r ddaear, ond llwyddais i sadio cyn gollwng fy magiau ar y dec a datgloi'r drws i ddatgelu, yn y llwydwyll, ddau ris isel yn arwain i lawr i grombil y cwch. Petrusais braidd cyn gafael yn fy magiau a chamu i lawr i'r gwagle cul, hir a symud ychydig ymlaen i ystafell fyw gyfforddus. Dim ond ar ôl i mi eistedd ar un o'r seddi meddal y dechreuodd y dagrau lifo. Be mewn difri ro'n i wedi'i wneud? Be ddaeth drosta i i benderfynu gadael fy nghartref a 'nheulu i aros ar gwch, o bob dim, ar ben fy hun mewn lle hollol ddiarth?

Bûm yn eistedd felly am sbel, fy mhen yn fy mreichiau, yn crio fel plentyn bach, a'r ofn a'r unigrwydd yn cau amdana i. Pan godais fy mhen o'r diwedd, sylweddolais ei bod yn nosi ac y byddwn mewn tywyllwch dudew cyn hir os na symudwn i. Edrychais o 'nghwmpas am swits y golau oedd yn gweithio oddi ar y batri, a dilyn cyfarwyddiadau Nerys ar sut i droi'r nwy ymlaen. Doedd gen i ddim awydd i fynd allan i gysylltu'r trydan a'r dŵr. A dweud y gwir, yr unig beth ro'n i eisiau'i wneud oedd dal y trên cyntaf yn ôl i Fangor. Roedd fy ngheg yn sych ac es drwodd i'r gegin fechan i dywallt yr ychydig ddŵr oedd gen i ar ôl yn y botel blastig i'r tegell, a'i roi i ferwi ar y stof. Ymhen dim roedd ei chwiban yn treiddio drwy'r distawrwydd llethol. Cefais hyd i fagyn te ac estyn un o'r mygiau oedd yn hongian ar y bachau o dan y silffoedd, ac er i mi estyn y nwyddau a brynais ynghynt o'r bag a'u rhoi fesul un ar y bwrdd doedd gen i fawr o awydd bwyta. Symudais yn ôl i'r lolfa â'r baned yn fy llaw, ac yno y bûm i am sbel yn synfyfyrio bob yn ail â sipian y te.

Roedd tu mewn y cwch yr un mor chwaethus â'r tu allan, ac wedi ei gynllunio'n ofalus. Yn amlwg, roedd Nerys wedi gwario i'w wneud mor gyfforddus â phosib: cyfatebai patrymau glas a gwyn llenni'r ffenestri i las tywyll y carped drud oedd o dan draed, ac yn y gornel roedd stof fechan i losgi glo neu goed gyda theils coch sgleiniog ar y wal y tu ôl iddi. Gallwn ddychmygu mor glyd fyddai'r cwch ar noson oer a gwlyb, ond doedd dim cysur i mi yn y moethusrwydd gan y rhedai iasau oer i lawr fy nghefn wrth i mi fethu â chredu 'mod i wedi gwneud peth mor wirion â dianc. Roedd y peth mor groes i fy natur i. Edrychais ar fy oriawr – byddai Lloyd wedi darllen fy nodyn bellach ac yn poeni amdana i, roedd hynny'n sicr. Tybed oedd o wedi cysylltu â Llinos ac Enfys? Beth pe deuai ein cymdogion i wybod fy mod i, o bawb, wedi gadael heb ddweud dim wrth neb? Mi fuaswn i'n destun siarad yn y capel a'r mart.

'Glywsoch chi'r newydd? Delyth Tŷ Capal 'di gadael.'

'Tewch â sôn! Be ddaeth drosti, deudwch? Hogan mor ddistaw ... ma' siŵr bod 'na rwbath mawr wedi digwydd iddi adael ei theulu.'

'Glywaist ti'r *latest*? Gwraig Penbrynia 'di codi'i phac.'

'Paid â berwi. I be fysa hi'n gwneud y fath beth? Hogan fach ddiniwad iawn o'n i'n ei chael hi bob amsar, byth yn mynd o 'na, 'sti, 'di bod yn wraig dda i'r hen Lloyd erioed.'

Wrth i mi ddychmygu'r lleisiau yn siarad amdana i dechreuais ddifaru o ddifri, a daeth mwy o ddagrau pan sylweddolais fod gen i hiraeth am Lloyd yn barod. Ond fedrwn i wneud dim y noson honno. Doedd gen i ddim digon o nerth i'w ffonio a thrio ateb y cwestiynau y byddai o'n sicr o'u hanelu ata i, un ar ôl y llall. Cyn i mi wynebu hynny byddai'n rhaid i mi hel fy meddyliau er mwyn gallu egluro'n glir a chall iddo be oedd yn fy mhoeni a sut yn union ro'n i'n teimlo. Rhwng y daith i'r Waun a cheisio gwneud synnwyr o'r rhwystredigaeth oedd yn chwalu fy mhen ro'n i wedi ymlâdd, a lled-orweddais ar y soffa. Mae'n rhaid 'mod i wedi dechrau pendwmpian, gan imi neidio pan glywais sŵn o'r tu allan.

Roedd rhywrai yn gweiddi ac yn sgrechian ar ei gilydd, a chodais yn nes at y ffenest i wrando. Clywais lais dagreuol merch a llais rhywun arall, dyn y tro hwn, yn ymateb yn chwyrn. Llamais at y drws i wneud yn siŵr ei fod ar glo, a gwrando eto. Na, doeddwn i ddim wedi dychmygu'r peth. Roedd y lleisiau fel petaent yn dod o ochr arall y gamlas, o gyfeiriad y llwybr towio – llais merch yn ymbil ar i rywun adael iddi hi fynd a llais dyn yn ei hateb yn ffyrnig mai adref efo'i thad oedd ei lle hi – yn y Gymraeg. Roedd rhan ohona i'n teimlo y dylwn fynd allan rhag ofn bod rhywun angen cymorth, ond ceisiais berswadio fy hun mai ffrae deuluol oedd hi, mwyaf tebyg, ac mai cadw'n glir fyddai orau. O'r tu ôl i'r drws clywais y ffraeo'n graddol bellhau nes i'r lleisiau ddistewi'n gyfan gwbwl. Symudais yn araf yn ôl i'r lolfa. Ddylwn i fod wedi ymyrryd? Beth petai'r ferch yn cael ei cham-drin? Beth petai Llinos neu Enfys yn yr un sefyllfa a neb yn barod i'w helpu? Ceryddais fy hun am fod mor llwfr. Dyma fi eto, meddyliais, rêl Delyth, yn cerdded i ffwrdd oddi wrth unrhyw wrthdaro yn hytrach na'i wynebu.

Y noson honno, bûm yn troi a throsi am oriau yn y gwely dwbwl yn nhu blaen y cwch, gan ddal i wrando am unrhyw sŵn o'r tu allan ar yr un pryd â cheisio dygymod â'r ffaith i mi adael pawb mor ddisymwth. Gorweddais yno, yn ymwybodol o'r gwagle oer wrth fy ochr. Ers diwrnod ein priodas fu Lloyd a minna ddim ar wahân, heblaw'r amser a dreuliais yn yr ysbyty ar ôl geni'r plant a phan âi yntau ar ambell i drip ffarmwrs am ddeuddydd neu dri. Efallai ei fod yntau ar ddi-hun hefyd, meddyliais, yn methu credu i mi wneud be wnes i. Tybed oedd o wedi ceisio fy ffonio? Er fy chwilfrydedd, doeddwn i ddim am droi fy ffôn ymlaen i jecio. Penderfynais roi caniad sydyn iddo yn y bore, dim ond i adael iddo wybod 'mod i'n iawn, ac ar ôl gwneud y penderfyniad hwnw dechreuais deimlo fy llygaid yn cau a disgynnais i drwmgwsg.

Y peth nesaf glywais i oedd sŵn peiriant diesel y tu allan. Codais ar f'eistedd yn y gwely, gan feddwl yn siŵr 'mod i adref ym Mhenbryniau ac yn clywed y peiriant godro'n rhygnu yn y beudy. Cymerais rai eiliadau i ddadebru a chofio lle oeddwn i – a chofio ein bod wedi rhoi'r gorau i odro ar y fferm ers blynyddoedd. Wrth i mi agor ychydig ar lenni'r ffenest fach gron wrth ochr y gwely llifodd cynhesrwydd yr haul i mewn drwyddi. Sŵn injan cwch yn curo'n dawel wrth lithro heibio oedd wedi fy neffro, a gallwn deimlo'r tonnau bychain ddaethai ar ei ôl yn llepian yn erbyn y *Ladi Wen*. 'Siglo, siglo, cwch bach fy Iolo ...' Wrth feddwl am y geiriau y byddwn i'n eu canu i suo Enfys, Huw a Llinos i gysgu ers talwm cofiais fy mod wedi addo i mi fy hun y byddwn yn cysylltu efo Lloyd. Roedd hi bron yn hanner awr wedi naw bellach – rhy hwyr i ffonio'r tŷ gan y byddai o allan yn porthi, ac anaml iawn y byddai'n cario'i ffôn bach yn ei boced. Ar y cwpwrdd gwydr yn y gegin fyddai'r teclyn gan amlaf, a finna'n gorfod ei atgoffa bob dydd i fynd â fo efo fo. Gwell fyddai i mi drio cysylltu amser cinio, pan fyddai Lloyd yn y gegin yn chwilota am rywbeth i'w fwyta. Câi fwy o lonydd i siarad bryd hynny, yn ddigon pell o ferw'r buarth.

Byddai'n rhaid i mi fod yn barod i egluro pam y bu i mi adael fel y gwnes i. Sut medrwn i ddisgrifio'r teimlad oedd wedi bod yn ffrwtian yng nghefn fy meddwl? Beryg na allai o ddirnad 'mod i'n anfodlon ar fy mywyd fel ag yr oedd o, yn dda i ddim ond i estyn a chyrraedd a llnau a choginio, ddydd ar ôl dydd. Bod gen i fwy i'w gynnig ar ôl magu'r plant, rhyw ysfa i wneud rhywbeth fyddai'n rhoi pleser i mi fy hun. Ond tasa fo'n gofyn i mi be dwi isio'i wneud, allwn i mo'i ateb o. Dyna, atgoffais fy hun, pam 'mod i angen llonydd i chwilio am yr atebion.

Ond a fyddai Lloyd yn deall fy nghyfrinach – ac yn

bwysicach na dim, a allwn i ei datgelu iddo? Na, nid dros y ffôn oedd trafod hynny. Wedi'r cyfan, roedd y gyfrinach honno y bûm yn ei magu am flynyddoedd bellach yn ymwneud â Llinos a Huw yn ogystal â fi fy hun. Gwell fyddai gadael hynny nes y byddai'r pedwar ohonon ni efo'n gilydd ym Mhenbryniau. Dyna fyddai orau. Lapiais y gyfrinach yn ôl, allan o gyrraedd, yn y gell fach gudd yng nghefn fy 'mennydd, fel y gwnes sawl tro dros y blynyddoedd. Fel pe bai dim yn bod o gwbwl.

Gorweddais yn ôl o dan y cwrlid cynnes ac ymestyn fy nghorff fel cath fodlon wrth sylweddoli nad oedd rheidrwydd arnaf i godi o gwbwl. Doedd neb yn disgwyl am frecwast, Lloyd na'r plant, na'r cŵn a'r cathod. Dim ond gobeithio bod Lloyd neu Huw yn cofio am yr ieir. Go brin bod Huw yn sylwi eu bod yno o gwbwl, er ei fod yn falch iawn o lyncu eu hwyau yn ei frys ar foreau Sadwrn cyn mynd i chwarae pêl-droed. Cofiais am y ffraeo a glywais y noson cynt. Be oedd achos yr holl weiddi, a hynny rhwng tad a merch ... os oeddwn wedi dyfalu yn gywir mai dyna oeddan nhw. Chlywais i erioed Lloyd yn codi ei lais ar y plant – troi ei thad o gwmpas ei bys bach wnâi Llinos fel arfer, a hithau a Huw mor lwcus o gael tad mor annwyl a chariadus.

Doedd dim iws. Ar ôl dechrau meddwl am adref dechreuodd fy nghorff anesmwytho. Roedd o'n anghyfarwydd â bod mor llonydd am cyhyd, ac roedd diwrnod newydd yn fy wynebu. Sut allwn i lenwi'r holl oriau? Ym Mhenbryniau, doedd dim amser i ddewis be i'w wneud gan fod rhywbeth neu'i gilydd yn galw o fore gwyn tan nos. Codais i wneud paned a thamaid o dost, ac am y tro cyntaf ers blynyddoedd clywais y distawrwydd a sylwais ar y llonyddwch oedd o'm cwmpas. Doedd dim byd yn tarfu ar fy nghlyw na dim byd yn symud i fynnu fy sylw. Dim anadl neb arall, dim llwchyn. Ond yn rhyfedd iawn, ar ôl codi, doeddwn i ddim yn teimlo'n unig, er mai dyma'r tro cyntaf ers i mi gofio i mi fod ar fy mhen fy hun. Mae'r unigedd yn cydio'n waeth adref, yn enwedig ers i Llinos adael am Gaerdydd. Petai hi wedi setlo ar Fangor efallai y byddai hi wedi picio adref yn amlach, neu efallai y byswn innau wedi gwneud ymdrech i'w chyfarfod yn y dre weithiau a mwynhau ei chwmni dros baned o goffi, neu fynd i siopa fel y gwnaen ni ers talwm. Ond does dim modd troi'r cloc yn ôl.

Sylwais ar bentwr o gylchgronau ar silff yn y gegin fach daclus, a gafaelais mewn un er mwyn byseddu drwy'r tudalennau sgleiniog. Daliodd llun o gegin ffermdy fy llygad – wel, roedd yn amlwg mai dyna oedd o i fod, gan fod rhes o welintons glân ger y drws oedd â'i ran uchaf ar agor fel drws stabl. Roedd y cypyrddau wedi eu paentio'n llwydlas ffasiynol a'r llawr golau yn edrych mor lân. Eisteddai potyn pridd mawr ar ganol y bwrdd yn dal tusw enfawr o flodau hardd: trilliw-ar-ddeg glas, bysedd y cŵn gwyn a rhedyn gwyrdd golau. Oedd 'na unrhyw wraig ffarm yn y wlad mor ffodus â chael cegin fel hon? Pan symudais i Benbryniau roedd pawb yn fy ngweld i'n lwcus iawn o gael cegin fawr braf efo Aga wen, a theils coch ar y llawr (mor handi i daro mop drostynt, meddai rhai) ac uned sinc Elizabeth Ann goch a gwyn ... cegin mam Lloyd. Buan iawn y deuthum i ddeall am y blew cŵn a'r gweiriach fyddai'n cael eu chwythu'n slei bach o dan y cwpwrdd gwydr mawr a thu ôl i'r oergell bob tro yr agorai rhywun ddrws y cefn. Buan iawn y deuthum i arfer â mynd ar fy mhengliniau a gwthio fy mraich oddi tanynt i drio llnau y llanast. Ac am y syniad o gael blodau hardd ar y bwrdd, wel, doedd gen i ddim gobaith. Roedd cymaint o gylchgronau yn ymwneud â ffermio, llythyrau di-ri gan y llywodraeth a biliau angen eu talu ar ein bwrdd ni adref fel nad oedd lle arno i lond cwpan wy o lygaid y dydd a blodau menyn, a hyd yn oed wedyn mi fyddai paill y rheiny'n ddigon i beri i Lloyd disian a thagu.

Aeth awr arall heibio, a finna'n magu'r te llugoer a hel meddyliau uwchben y cylchgrawn. Codais a dringo'r ddau ris i agor y drws a chamu allan i fyd tawel, tawel, lle'r oedd haul gwan yn taflu ei liw drwy'r tawch oedd yn hofran uwchben dŵr y gamlas. Clywais fref ambell ddafad yn y pellter ond doedd dim cyffro arall i'w glywed, nid fel y sŵn fyddai'n fy nghroesawu pan roddwn fy nhroed dros drothwy'r drws adref a cherdded i'r iard gyda phwced yn fy llaw, y cŵn a'r ieir am y gorau i dynnu fy sylw a 'myddaru. Chymerodd hi ddim yn hir i mi ddotio at brydferthwch a llonyddwch y gamlas. Dechreuais ganolbwyntio ar sŵn meddal fy anadl fy hun, i mewn ac allan, i mewn ac allan, a gadewais i'r tarth sugno fy mhryderon fesul un.

Pan deimlais yr ias laith yn treiddio drwy fy mhyjamas fflanelét, trois fy nghefn ar y mudandod a mynd i wisgo amdanaf. Fues i erioed yn sefyll allan yn fy ngwisg nos ym Mhenbryniau. Wnaeth Lloyd a finna erioed wneud amser i fynd allan i'r ardd wedi iddi nosi i syllu ar brydferthwch y sêr uwch ein pennau. Mi wnawn i hynny heno, petai hi'n noson glir, meddyliais. Tybed beth fyddai Lloyd yn ei ddweud pe gwelai fi yn gwneud y fath beth?

Yn yr awyr iach roedd fy nerfau wedi dechrau setlo rhywfaint a doeddwn i ddim yn teimlo ar gymaint o frys i fynd adref. Fyddai noson neu ddwy arall ar y cwch yn gwneud dim drwg i mi.

Ar ôl gwisgo edrychais o'm cwmpas gan geisio cofio cyfarwyddiadau Nerys ar sut i droi'r trydan ymlaen a chysylltu'r beipen ddŵr. Cerddais yn wyliadwrus i fyny at y cwt yn yr ardd gan daflu cipolwg tuag at ffenestri'r tŷ, ond welais i ddim symudiad ynddynt o gwbwl.

Yn ôl ar y cwch, mynnai fy meddyliau droi yn ôl at Lloyd a'r plant. Gallwn ddychmygu Llinos yng Nghaerdydd yn tybio 'mod i wedi mynd o 'nghof. Byddai ei thad neu Huw yn siŵr o fod wedi cysylltu efo hi, er na fyddai hi bron byth yn ateb pan fyddwn i'n ceisio cael gafael arni. Mewn darlith, yn y llyfrgell, gweithio, allan efo'i ffrindiau – dyna'r esgus bob tro nes i mi roi'r gorau i'w galw am sgwrs. Dim ond ambell neges ar y sgrin fach sy'n ein cysylltu erbyn hyn. Ar y dechrau mi fyddwn yn colli clywed ei llais a'i newyddion cyffrous am ei bywyd newydd, ond bodloni ar y pytiau negeseuon sy'n rhaid i mi bellach, a hithau wedi setlo i lawr yn y coleg heb orfod dibynnu cymaint ar ei mam.

A Huw wedyn. Wnaeth o ddim dewis ffermio – chwaraeon

a cherddoriaeth sy'n mynd â'i fryd a'i holl amser rhydd, am fod yn well ganddo waith naw tan bump yn y dref na chael ei glymu i oriau diddiwedd y fferm. Roedd Lloyd yn siomedig ar y dechrau ac yn dal i obeithio y byddai o'n newid ei feddwl, ond wnes i erioed gredu y byddai hynny'n debygol o ddigwydd, rywsut. Doedd waeth i ni dderbyn y ffaith nad oedd Huw wedi etifeddu yr un gronyn o frwdfrydedd ei dad tuag at y fferm. Sgwn i arhosodd o adref efo'i dad yn hytrach na mynd i'w waith y bore 'ma? Naddo siŵr – doedd dim angen, wfftiais. Wedi'r cyfan, doedd hi ddim fel taswn i ar goll – gadewais nodyn digon clir iddyn nhw i egluro fy mwriad, ac addo y byddwn yn dychwelyd cyn hir. Mae'n debyg ei fod o'n poeni mwy am ei ddillad glân a'i fwyd nag amdana i, ei fywyd yn mynd yn ei flaen fel arfer, a neb yn gweld fy ngholli.

Penderfynais oedi am chydig rhagor cyn galw Lloyd. Tynnais y ffôn allan o'm bag a syllu ar ei wyneb marw. Tybed oedd rhywun, Lloyd neu Llinos, Huw neu Enfys, wedi trio fy ffonio? Ddylwn i ei agor, jest i gael cip ar y sgrin? Roedd fy mys yn hofran uwchben y swits, ond doeddwn i ddim am ildio i'r demtasiwn. Roedd gen i ofn gweld negeseuon o bryder, ac ofn na fyddai 'na 'run. Agorais ddrôr fechan a thaflu'r ffôn i mewn iddi cyn ei chau gyda chlep bendant.

Gollyngais fy hun ar y gwely. Fyddai'r hen Ddelyth byth wedi breuddwydio gadael i'w gŵr a'i phlant boeni am ddim byd dan haul. Nac Enfys, chwaith. Roeddwn i wastad wedi bod yno iddyn nhw, i'w gwarchod. Doedd fiw i neb ddweud gair cas am Enfys pan oedd hi'n ifanc, ac mi fyddai Huw a Llinos yn gwybod fy mod bob amser yn barod i wrando ar eu problemau. Gwenais wrth gofio sut y byddai Huw yn cyrraedd adref o'i gemau pêl-droed yn cwyno an ryw gam gafodd o ar y cae, neu'n codi coes ei drowsus i ddangos sgriffiadau poenus roedd rhywun wedi eu rhoi iddo. Cofiais fel y byddai Llinos yn torri ei chalon ar ôl dod adref o'r ysgol fach. Ei *best friend* wedi ei gwadu a datgan wrth yr holl ysgol ei bod bellach yn *best friend* i Siân neu un o'r genod eraill. Gwyddai'r ddau y byddai Mam yn cadw'u cefnau bob amser, ac y byddai gen i ateb cysurlon i'w holl broblemau.

Beth oedd wedi digwydd i wneud i mi newid cymaint? Sut oeddwn i wedi troi i fod mor galed? Am y tro cyntaf yn fy mywyd, fi fy hun sydd ar dop fy rhestr, o flaen pawb arall. Meddwl amdanaf fy hun, cyn i mi fynd yn rhy hen. Tra oeddwn yn helpu Mam i edrych ar ôl Enfys, helpu Lloyd i edrych ar ôl ei fam ac wedyn magu'r pant, chefais i fawr o amser i feddwl amdanaf fy hun, nes i mi gilio fel llygoden tu ôl i'r sgertin. Ond cefais fy llorio gan y sylweddoliad nad oedd neb fy angen o ddifri, nad oeddwn yn werth llawer i neb heblaw bod yno i edrych ar ôl eu hanghenion materol.

Dechreuais deimlo'n anniddig, yn eistedd yn llonydd yn breuddwydio. Doeddwn i ddim wedi arfer â bod yn segur a doedd dim i'w wneud ar y cwch. Penderfynais gerdded cyn belled â'r dref – os oeddwn am aros am ddiwrnod neu ddau byddai angen mwy o fwyd arnaf, rhesymais. Dilynais y ffordd gul heibio i'r bythynnod a chodi fy llaw yn ôl ar rywun a 'nghyfarchodd o un o'r gerddi bychain taclus. Croesais y bont gerrig fechan a dilyn y llwybr towio wrth ochr y gamlas, gan anelu am y Waun. Arafodd fy ngham wrth i mi gofio nad oedd angen i mi frysio – doedd neb na dim yn disgwyl amdana i – a chodais fy mhen i edrych o 'nghwmpas. Roedd dŵr brown diog y gamlas bron yn sefyll yn ei unfan, yn aros i rywun agor y fflodiart i'w ryddhau, ond byrhoedlog fyddai ei gyfle i lifo cyn i'r dorau gael eu cau drachefn. Aros wedyn, gan obeithio y deuai rhywun arall heibio er mwyn iddo ailgychwyn ar ei daith bytiog. Mor wahanol i'r nant fechan a ruthrai heibio i dalcen Penbryniau ac i lawr ochr clawdd Cae Eithin i gyfeiriad afon Seiont a'r môr. Roedd dŵr honno'n fyrlymus, yn newid ei lliw fel y mynnai o lwyd oeraidd y gaeaf i lesni gloyw'r gwanwyn. Fel Enfys a finna, meddyliais; fi wedi fy nal rhwng y llifddorau am ddegawdau, yn rhy araf i ddianc, a hithau â'i thraed yn rhydd i fynd i le bynnag yn y byd a ddewisai.

Roedd y cof am eiriau miniog Enfys yn dal i fy mrifo a

gwyddwn bellach mai'r unig ffordd o leddfu'r briw oedd dweud y cwbwl wrthi. Byddai'n rhaid i mi sgwennu ati, datgelu'r cyfan – allai hi ddim torri ar fy nhraws felly, wrth i mi drio esbonio iddi hi pwy ydw i.

Pan godais fy ngolygon sylweddolais 'mod i wedi cyrraedd y bont ddŵr. Byddai'n rhaid i mi wynebu'r dyfnder oddi tanaf os oeddwn am gyrraedd y dre. Cymerais anadl ddofn, a'r tro hwn wnes i ddim mentro edrych dros y canllaw, dim ond cadw fy llygaid yn syth ymlaen a gadael i fy nwy droed fy arwain i'r ochr arall cyn gynted ag y medrent. Roeddwn wedi croesi'n saff pan sylweddolais fy mod yn dal fy ngwynt o hyd, a rhoddais ollyngdod o ryddhad cyn camu i fyny'r llwybr serth oedd yn troelli o dan y coed i fyny i'r ffordd fawr. Cerddais ar y palmant heibio i dai llewyrchus yr olwg, a chyrraedd y stryd fawr. Anelais i gyfeiriad yr archfarchnad a'r siop bapur newydd oedd y drws nesaf i siop yn gwerthu hen greiriau, a phrynais gig oer a mwy o de. Pan ddois allan o'r siop ffroenais arogl bara ffres yn denu cwsmeriaid i'r becws gyferbyn, ac roedd yr arddangosfa yn ffenest siop y cigydd hithau'n ddigon i dynnu dŵr o'm dannedd. Eisteddais ar fainc wrth wal yr eglwys i gael fy ngwynt ataf. Wrth edrych i lawr y stryd synnais o weld bwyty Indiaidd y drws nesaf i oriel gelf, a thros y ffordd iddynt roedd siop trin gwallt a chaffi. Wn i ddim pam y bu i mi synnu, chwaith, gan fod tref fach y Waun yn amlwg yn ganolfan boblogaidd a phrysur iawn. Roedd merched trwsiadus yn parcio'u beics y tu allan i'r siopau bychain a gadael drachefn â'u basgedi'n llawn o nwyddau, a cherddodd dwy fam ifanc siaradus heibio i mi gan anwybyddu cwyno anfodlon eu plant yn eu bygis. Eisteddais am sbel yn gwylio'r byd yn troi o'm cwmpas, nes i mi deimlo ias hydrefol yn oeri fy nghefn, a chodi i brynu papur newydd.

Ar fympwy, agorais ddrws caffi bychan a dewis bwrdd yn y gornel bellaf cyn eistedd ac agor tudalennau'r *Daily Post* yn betrus. Ymlaciais ar ôl darllen sawl tudalen – tybed oeddwn i, yng nghefn fy meddwl, wedi disgwyl gweld adroddiad yn datgan i'r byd a'r betws fod gwraig fferm ar goll, ac ymbiliadau ei theulu am unrhyw hanes amdani? Fyddai Lloyd byth wedi datgelu ein busnes preifat, rhesymais.

Daeth merch ifanc ataf gyda llyfr bach a phensel yn ei llaw.

'Soup of the day, and a ham sandwich, please,' gofynnais iddi.

Gwenodd arnaf.

'Be gymrwch chi i yfed?'

'O, ydach chi'n siarad Cymraeg?' holais yn syn.

'Ydw,' atebodd y ferch gyda gwên. 'Mi fues i yn yr ysgol yn Wrecsam – mi fysech chi'n synnu faint yn yr ardal 'ma sy'n siarad Cymraeg.'

'Wel, mae'n braf iawn dallt hynny,' meddwn, gan blannu fy mhen yn y papur ar ôl archebu te rhag ofn iddi holi mwy. Safodd y ferch am ennyd hir uwch fy mhen, a gallwn daeru bod golwg siomedig ar ei hwyneb wrth iddi droi'n ôl am y gegin.

Arhosais yn y caffi am sbel, yn mwynhau'r teimlad amheuthun o hamddena dros baned a phapur newydd, ond fedrwn i ddim canolbwyntio ar y print o 'mlaen gan fod geiriau Enfys yn mynnu ymddangos ar y tudalennau wrth i mi rythu arnynt. 'Pwy ddiawl ti'n feddwl wyt ti?' O'r diwedd, codais i dalu gan adael dwybunt o gildwrn i'r weinyddes druan, i wneud iawn am ei hanwybyddu. Croesais y ffordd i'r becws. Fedrwn i ddim maddau i glamp o gacen yn llawn hufen er fy mod yn ymwybodol bellach fod fy nillad wedi tynhau'n anghyfforddus gyda threigl y blynyddoedd. Dim ond un gacen – ro'n i'n haeddu trêt bach – a cheisiais berswadio fy hun na wnâi un ddim llawer o ddrwg i mi, yn enwedig os o'n i'n mynd i fod yn cerdded yn ôl a blaen o'r cwch i'r dref am rai dyddiau.

Wrth droi'n ôl tuag at y gamlas oedais am funud y tu allan i ffenest y siop trin gwallt. Roedd dwy eneth yn brysio'n ôl ac ymlaen rhwng eu cwsmeriaid, yn amlwg yn mwynhau eu gwaith. Tybed a fyddwn i wedi mwynhau gweithio mewn lle tebyg, yng nghanol bwrlwm pobl o fore gwyn tan nos? Ro'n i'n reit greadigol ers talwm, ac Enfys druan wedi gorfod eistedd yn llonydd am oriau tra o'n i'n brwsio a thrin ei gwallt cyrliog rhwng fy mysedd. Newidiodd fy ffocws a sylwais ar fy llun yng ngwydr y ffenest: wyneb llwydaidd heb sgrapyn o golur a 'ngwallt, fel y bu ers pan oeddwn yn eneth fach, wedi ei glymu yn ôl efo lastig. Ymarferol iawn – cadw pob blewyn o'm hwyneb tra byddwn i'n llnau a choginio. Roedd pob dim amdana i yn blaen, fel taswn i mewn carchar. Yn union fel dŵr y gamlas.

Agorodd drws y siop a daeth dynes ganol oed allan, ei gwallt hir golau yn dawnsio dros ei hysgwyddau wrth iddi gerdded yn sionc i fyny'r palmant. Arhosodd i godi llaw ar ddynes arall, ac ar ôl croesi'r stryd ar ei sodlau uchel tuag ati, aeth y ddwy i mewn i westy dan chwerthin wrth gyfarch ei gilydd. Dwy ffrind? Dwy chwaer yn cyfarfod am baned neu ginio, yn barod i rannu eu cyfrinachau? Roeddan nhw'n edrych mor hyderus gyda'u gwalltiau perffaith a'u dillad ffasiynol. Fentrais i erioed liwio fy ngwallt. Unwaith, soniais wrth Lloyd 'mod i'n ffansïo cuddio'r ychydig flew gwynion oedd wedi meiddio dangos eu hunain.

'Duwch, Delyth,' oedd ei ateb, 'i be ei di i draffarth a chost? Ti'n edrach yn iawn fel wyt ti. Yr un hen Ddelyth fysat ti … i mi, beth bynnag.'

A dyna daflu dŵr oer ar y syniad. Feddyliais i ddim am y peth wedyn, ond wrth sylwi ar y ddynes ar ei sodlau uchel, gofynnais i mi fy hun oedd a wnelo'r gwallt oedd newydd ei drin â'i hunanhyder. Agorais fy mag, a chyn i mi ailfeddwl gafaelais yn y gacen a'i gollwng i'r bin sbwriel agosaf. Ro'n i wedi colli'r chwant amdani, rywsut. Ceisiais gofio pryd y gwnes i ymdrech i gyfarfod â ffrind, neu hyd yn oed Enfys, ddiwetha. Teimlo'n euog fyddwn i ar y dechrau, yn gadael Lloyd ar ben ei hun ar y fferm tra o'n i'n galifantio, a dechreuais wneud esgusodion i beidio mynd yn amlach na pheidio. Aeth galwadau fy ffrindiau yn brinnach a phrinnach, nes i'r gwahoddiadau arafu a diflannu.

Trois yn ôl tuag at y gamlas a'r cwch, gan synnu o weld ei bod bron yn bedwar o'r gloch. Roedd fy niwrnod cyntaf oddi cartref wedi hedfan heibio, a finna'n ddim nes at ddarganfod ateb i fy mhenbleth. Pwy oeddwn i yn y bôn?

Mynnai fy meddwl lithro'n ôl at fy nheulu bob gafael. Sut ddiwrnod gafodd Lloyd, tybed? Erbyn hyn byddai'n siŵr o fod wrthi yn porthi – wnaeth o erioed esgeuluso'r anifeiliaid, hyd yn oed pan fu farw ei fam. Roedd y ddefod o fwydo'r gwartheg yn rhoi rhyw gysur iddo, amser tawel iddo'i hun i fyfyrio dros bethau, medda fo. Ddylwn i ei ffonio, tybed? Oedd o wedi trio fy ffonio i? Roedd fy nghydwybod yn pigo. Lloyd druan. Wnes i erioed stopio'i garu o, ac mi fu yntau'n ŵr da, ffeind dros y blynyddoedd. Dyna oedd yn anodd – ei adael fel hyn ac yntau erioed wedi bod yn gas efo fi. Ond rhygnu ymlaen o ddydd i ddydd oeddan ni'n dau ... gwaith a gwely ... ac mi fyswn i'n rhoi unrhyw beth am newid bach weithiau, dim ond diwrnod neu ddau i lyfu hufen iâ wrth droed tŵr Blackpool ynghanol miri a hwyl y ffair, fel y gwnaethon ni unwaith ar drip y Clwb, neu grwydro'r llwybrau uwchben traethau tawel gwlad Llŷn efo'n gilydd.

Erbyn i mi gyrraedd y cwch roedd meddwl am wyliau wedi fy atgoffa o Enfys. Cofiais fy mod wedi addo i mi fy hun y byddwn yn sgwennu ati i ddatgelu'r cyfan, ond ro'n i wedi anghofio popeth am brynu papur ysgrifennu pan oeddwn yn siopa. Byddai'n rhaid i'r llythyr aros.

4

Sŵn y gwynt yn yr helygen a'm deffrodd y bore canlynol, a theimlais y *Ladi Wen* yn crafu yn erbyn yr hen deiars oedd wedi eu gosod ar ochr y gamlas er mwyn arbed dipyn ar ei phaent. Roedd yr hydref wedi cyrraedd o'r diwedd, ac ar ôl brecwast gwisgais fy nghôt a 'nghap cyn ei mentro hi am y dref, fy mhen i lawr yn erbyn y gwynt oedd yn ceisio'i orau i 'ngwthio yn ôl tuag at y cwch. Chwyrlïai rhai o'r dail lliwgar o gwmpas fy mhen a dawnsio wrth fy nhraed, ond glanio ar y gamlas wnâi'r lleill, nes eu carcharu yn y dŵr budr i bydru heb obaith o ddianc.

Welais i fawr o neb ar y ffordd, a dychwelais i'r caffi. Yn ôl pob golwg doedd y ferch a welais y diwrnod cynt ddim yn gweithio, a diolchais yn euog na fyddai'n rhaid i mi sgwrsio â hi. Ar ôl mwynhau siocled poeth hufennog mentrais allan i chwilio am offer ysgrifennu, ac wrth edrych o 'nghwmpas am siop addas sylwais fod golau y tu mewn i'r oriel gerllaw. Pan agorais y drws sleifiodd chwa o wynt i mewn yn fy sgil i gyffroi'r papurau oedd yn bentyrrau taclus ar fwrdd hir. Doedd neb i'w weld yno, ac oedais i werthfawrogi'r rhesi o ddarluniau a phaentiadau oedd yn hongian ar y waliau. Symudais o un i un yn araf – tirluniau oedd y mwyafrif; gwartheg yn pori, pontydd, camlesi a chychod lliwgar mewn dyfrlliw ac olew. Ond yna sylwais ar lun mawr du a gwyn yn batrymog o frigau coed yn gollwng eu dail. Safais o'i flaen wedi fy nghyfareddu, a daeth ysfa drosta i i redeg fy mysedd ar hyd boncyff un o'r coed, i deimlo'r rhisgl garw a dal rhai o'r dail yn fy nwylo. Ond cefais siom pan godais fy llaw a theimlo dim ond llyfnder y gwydr.

Cofiais mor gynhyrfus oedd y teimlad o gael tamaid o siarcol yn fy llaw yn yr ysgol ers talwm, a sut y byddwn yn gadael iddo wau patrymau ar y papur ar fy nesg fel petai'n fyw rhwng fy mysedd. Sawl tro cefais gerydd gan Mam ar ôl mynd adref am faeddu fy nillad, cymaint yr oeddwn yn canolbwyntio ar y gwaith o 'mlaen.

Pan gyrhaeddais ben draw'r oriel sylwais ar ben cyrliog wedi'i wyro y tu ôl i'r cownter. Bachgen ifanc, yn canolbwyntio cymaint ar y papur oedd ar ei lin fel na sylweddolodd fy mod i yno o gwbwl. Pesychais yn ddiniwed i dynnu ei sylw, a phan gododd ei ben roedd yr amharodrwydd i adael ei waith yn amlwg ar ei wyneb. Er hynny, gofynnodd i mi yn ddigon cwrtais a fedrai o fy helpu.

'Galw i mewn wnes i i chwilio am bapur sgwennu a beiro, ond ar ôl edrych ar y lluniau 'ma mae ryw awydd wedi dod drosta i i brynu dipyn o siarcol a phapur arlunio hefyd. Fedrwch chi fy rhoi i ar ben ffordd?'

Doedd o fawr hŷn na Huw, ei wallt yn hir dros ei ysgwyddau a'r cyrls afreolus yn ceisio dianc o'r llinyn oedd yn eu clymu. Sylwais mor fain oedd ei gorff y tu mewn i'r siwmper lac, dyllog oedd yn hongian amdano.

'Ydach chi'n hoff o arlunio felly?' gofynnodd i mi, a'i lygaid gleision yn chwilio am unrhyw arwydd bod artist yn cuddio yndda i.

'Mi oeddwn i ers talwm … yn yr ysgol … ond mae arna i ofn na ches i fawr o amser ers hynny i feddwl ryw lawer am y peth.' Byseddais yr offer oedd ar y bwrdd cyn eu rhoi yn ôl.

'Os oes 'na hyd yn oed lygedyn o artist ynddach chi yna mae'n rhaid gwneud amser i drosglwyddo'r syniadau sydd yn eich pen, neu mi ân nhw ar goll,' atebodd, gan gerdded o gwmpas y bwrdd a chodi llyfr bach braslunio, paced o olosg a phensel neu ddwy. 'Be am ddechrau efo'r rhain?'

Pan ddywedais wrtho 'mod i angen papur ar gyfer llythyrau hefyd aeth at y cownter i ddangos bwndel o dudalennau rhyddion i mi. Codais hanner dwsin ohonynt ynghyd ag amlenni a dwy feiro. Wrth i mi dalu, gwenodd arna i a dymuno hwyl i mi ar yr arlunio, gan ychwanegu bod croeso i mi ddychwelyd os o'n i am werthfawrogi casgliad yr oriel o waith celf. Roedd ei awydd i ddychwelyd at beth bynnag oedd ganddo y tu ôl i'r ddesg yn gryfach na'i awydd i sgwrsio, ac ro'n i'n ddiolchgar am hynny.

Wnes i ddim loetran yn y dref gan 'mod i'n ysu i ddechrau defnyddio'r offer arlunio, ond wrth gerdded yn ôl at y cwch a cheisio dychmygu'r lluniau y byddwn yn eu creu, sylweddolais na allwn wneud hynny. Fyddai fy meddwl ddim yn ddigon tawel i ganolbwyntio ar ddim nes i mi gael dweud yr hyn oedd angen ei ddweud wrth Enfys.

Annwyl Enfys,

Erbyn i ti dderbyn y llythyr yma mi fydd Lloyd yn siŵr o fod wedi gadael i ti wybod fy mod i wedi gadael Penbryniau am gyfnod. Does dim angen i neb boeni amdana i – mi ydw i'n hollol saff a chyfforddus, ac yn fy iawn bwyll. Mi roddodd dy eiriau di y diwrnod o'r blaen sgytwad i mi braidd, pan ofynnaist i mi pwy o'n i'n feddwl o'n i. Fedrwn i ddim meddwl am ateb, heblaw mai Delyth dy chwaer a gwraig Penbryniau ydw i, siŵr iawn, a dyna fysa unrhyw un sy'n fy nabod yn ei ddweud hefyd. Ond pwy ydw i yn y bôn? Mae 'na fwy na hynny i mi – dwn i ddim be, chwaith – ond dwi angen amser i geisio dod o hyd i'r ateb, cyn i mi fynd yn rhy hen.

Pan anwyd chdi mi o'n i bron yn wyth oed, ac mi wnes i wirioni arnat ti. Fûm i erioed yn un am chwarae efo doliau, ond mi newidiodd pethau pan welais i chdi am y tro cynta … fy mabi dol go iawn. Wrth i ti dyfu ro'n i wrth fy modd yn rhoi bàth i ti a gwisgo amdanat, a byddai Mam yn fy nhrystio i i fynd â chdi am dro i'r pentra i dy ddangos i bawb – a nhwtha hefyd yn dotio arnat ti. 'Wel, Delyth, ar f'enaid i, mae dy chwaer fach di'n ddigon o sioe! Lle gafodd hi'r pen cyrliog 'na, dywad?' Dyna fyddai'r merched yn 'i ddweud, ac ro'n i'n ddigon hen i sylwi eu bod nhw'n cymharu fy ngwallt syth, tenau i efo d'un di. Ond doedd gen i ddim owns o genfigen, am 'mod i mor prowd ohonat ti. O dipyn i beth newidiodd fy enw o 'Delyth Tŷ Capel' i 'Delyth chwaer Enfys'. Rhyfedd i ti gael enw bedydd oedd yn dy siwtio i'r dim cyn i neb weld sut fysat ti'n tyfu i fyny. Lliwgar fel yr enfys fuost ti erioed, a phawb oedd yn dy nabod yn dy edmygu. Wnaeth fy enw i fawr o argraff arnaf i, yn naddo? Del-yth ... fues i erioed yn ddel iawn. Tawel, plaen, dibynadwy – dyna sut fysa'r rhan fwya yn fy nisgrifio. Ond ta waeth, ro'n i'n rhy hapus o'u clywed yn dy frolio di, fy chwaer fach, i boeni llawer amdanaf fy hun.

Fedrai neb dy wrthod, ac mi allet ti droi pawb o gwmpas dy fys bach: 'Nhad, Mam, athrawon ... a fi yn enwedig ... ac mi oedd gen ti ddegau o ffrindiau, yn barod i wneud rwbath i ti. Yn lle'r un neu ddwy fyddai'n dod i fy nhe pen blwydd i, mi fyddai o leia ddeg yn d'un di bob blwyddyn, yn hogia a genod yn gymysg. Mynd am dro bach sidêt fyddai Janno a Nerys a finna ar ôl bwyta ein jeli a chwythu'r canhwyllau ar fy nghacen i, ond o, am sŵn fyddai yn dy bartïon di, a finna wrth fy modd yn gweini arnoch chi a threfnu gemau ar eich cyfer.

Mi fyddwn i mor falch o dy weld yn serennu ym mhob pwnc yn yr ysgol, a dy lwyddiant yn y steddfodau am ganu ac adrodd, a byddai'n ddifyrrwch pur i mi weld dy ffrindiau yn cystadlu â'i gilydd i gael eu dewis i ganu deuawd efo chdi. Rhyw din-droi yng nghefn y festri fyddwn i, yn rhy swil i gymryd rhan. Bron na fedrwn fynnu digon o hyder i gerdded i lawr at y llwyfan i nôl fy ngwobr pan enillwn am sgwennu stori neu wneud llun.

Mi gest ti'r cyfle i fynd i'r coleg, ac mi fyddai dy dad wedi bod mor falch ohonat ti. Bechod iddo'n gadael ni cyn iddo gael y cyfle i weld dy lwyddiant. Doedd 'na ddim llawer yn fy mhen i, nag oedd, o 'nghymharu â chdi; a dwn i ddim wyt ti'n cofio, ond mynd i weithio i siop y fferyllydd yn y dre wnes *i. Felly oedd hi yr adeg honno – os nad oeddat ti am fynd i'r coleg, chwilio am waith oedd yr unig ddewis. Mi aeth Nerys i'r coleg technegol a Janno i nyrsio, ac roedd Mam yn methu dallt pam na fyswn i'n mynd i nyrsio plant a finna wedi bod mor dda efo chdi ar hyd y blynyddoedd. Ond doedd yr awydd, na'r dewrder am wn i, ddim gen i i adael cartref. A ph'run bynnag, mi o'n i'n medru helpu Mam drwy roi ambell buntan iddi, i brynu pethau i chdi. Paid â meddwl am funud 'mod i'n edliw hynny i ti, cofia – mi o'n i am i ti gael pob dim gorau bosib.*

Mi gollais gysylltiad efo Nerys a Janno ymhen amser, ond er i mi ddechrau mynd i'r Clwb Ffermwyr Ifanc wnes i ddim ffrindiau hanner mor glòs wedyn. Doedd 'na ddim llawer o'r hogia'n cymryd sylw ohona i chwaith, gan 'mod i'n rhy ddistaw a phlaen. Waeth i mi ddweud wrthat ti na pheidio, ond mi oedd 'na ryw hen betha bach yn fy mhigo weithiau, fel sut yr oeddat ti'n medru denu gymaint o bobl atat fel magned. Er hynny, mi fyddai'n gas gen ti fy ngweld yn mynd i'r pictiwrs, a chditha ddim yn cael dod efo ni. Ond ar y llaw arall doeddat ti ddim yn cysidro gymaint ro'n i yn casáu gorfod mynd i'r oedfa ar nos Suliau. Mi oeddat ti'n cael sbario dod, ac yn cael aros adra i wylio'r teledu tra o'n i'n crynu yn fy sgidiau wrth gerdded i lawr i'r tu blaen at y sêt fawr i adrodd rhesi o adnodau a phennill neu ddau o ryw emyn i gloi y cyfan, ofn y byswn i, Delyth Tŷ Capal o bawb, yn anghofio fy ngeiriau a thynnu gwarth ar ben Mam.

Mi ddaliais i fynd i'r Clwb ac mi oeddat ti'n amhosib dy drin ar y nosweithiau hynny, medda Mam. Wrth i mi fynd yn hŷn mi ddechreuais ddod â rhai o'r hogia i'r tŷ ar ôl iddyn nhw fy nanfon adra. Erbyn hynny mi o'n i tua ugain oed, ma' siŵr, a thitha'n tynnu at dy dair ar ddeg ac yn meddwl dy fod yn llawer hŷn nag oeddat ti, yn dwyn fy lipstig ac yn gwneud ll'gada llo bach ar yr hogia. Roedd gen i gymaint o gywilydd nes i mi ddechrau chwilio am unrhyw esgus i beidio dod â neb i'r tŷ, ond wrth gwrs, maddau i ti fyddwn i bob tro.

Erbyn i mi gyfarfod Lloyd mi oedd gen ti dy gariadon dy hun, rhes ar ôl rhes ohonyn nhw, a chditha'n blino ar bob un ar ôl sbel ac yn eu taflu o'r neilltu fel croen oren. Ro'n i'n benderfynol na ddown i â Lloyd i'r tŷ nes ei fod wedi penderfynu mai fi oedd o am ei phriodi. Do'n i'n trystio 'run blewyn arnat ti na fysat ti wedi dechrau dy gastiau o'i flaen o – wedi'r cwbwl, roeddat ti'n ddigon deniadol i droi pen unrhyw hogyn. Canlyn yn dawel wnaeth Lloyd a finna, heb ddim ffŷs: mynd am dro yn y Land Rover, i'r pictiwrs ym Mangor weithiau a cherdded llwybrau'r mynyddoedd yn yr haf pan fyddai gwaith y fferm yn caniatáu. Digon prin oedd yr adegau hynny hefyd, yn enwedig ar ôl iddo golli ei dad, gan nad oedd ei fam yn gyrru a hithau felly'n dibynnu ar Lloyd i fynd â hi yma ac acw yn y car. Dwn i ddim sut roedd o'n dod i ben rhwng pob dim, ac roedd o'n ysu am i ni briodi, er mwyn i mi allu ysgafnhau rhywfaint ar ei faich.

Pan ddechreuaist ti yn y coleg yn Aberystwyth mi fyddet ti'n dod adra bob hyn a hyn efo dy straeon am yr hwyl roeddat ti'n ei gael yno, ac a dweud y gwir, mi oedd gen i rywfaint bach o genfigen yn dy weld yn cael cymaint o ryddid. Cyn i ti gychwyn i'r coleg mi ofynnodd Mam i mi sôn wrthat ti am fod yn ofalus, am beidio colli dy ben efo ryw hen hogia, ond mi wyddwn nad oedd llawer o angen dy siarsio gan dy fod yn ddigon call a thebol i edrych ar ôl dy hun.

Ti'n cofio dynes mor ffeind a siriol oedd Mam? Roedd hi'n fy nhrin i fel rhyw ddynes fach erioed, a finna wrth fy modd yn y gegin efo hi yn dysgu coginio a gwnïo a thrafod hyn a'r llall. Pan ddeudis i wrthi fod Lloyd wedi gofyn i mi ei briodi mi wyddwn y byddai'n teimlo fy ngholli o gwmpas y lle, ond soniodd hi ddim gair am y peth, dim ond dechrau cyffroi ynglŷn â'r paratoadau ar gyfer y briodas. Ond doedd dim dal arnat ti wrth i'r diwrnod mawr nesáu – mi oeddat ti'n dod adra bob penwythnos ac wedi gafael yn gadarn yn yr awenau, a Mam druan yn hollol fodlon eistedd yn ôl a gadael i ti gael dy ffordd dy hun. Byddai rhywun, wrth *wrando arnat ti'n cynllunio, yn meddwl mai ti oedd yn priodi yn hytrach na fi, ac mi fynnaist ddod efo fi i ddewis y ffrogiau. Wrth gwrs, chdi oedd yr unig forwyn ac mi ddewisaist ffrog hir wyrddlas i ti dy hun, yn union yr un lliw â dy lygaid, er mai lliw bricyll ro'n i wedi bwriadu i ti ei wisgo. Ar ddiwrnod y briodas roedd pawb wedi rhyfeddu atat ti ac ar dy harddwch, er bod rhai, chwarae teg, yn taflu ambell gompliment tuag ata i, y briodferch, hefyd, gan chwerthin ar eu jôcs eu hunain.*

'*Del 'ti, Del ... ha, ha, ha.*'

'*Ti mor lwcus i fod wedi bachu Lloyd – fyddi di angan dim byd ym Mhenbrynia a fynta'n ffarmwr cefnog, ac yn unig fab hefyd. Mi gei di rwbath leci di ganddo fo.*'

'*Dach chi mor lwcus, Musus Ambrose, mi neith Delyth 'ma ferch yng nghyfraith tsiampion i chi, gewch chi weld ...*'

Roedd eu siarad gwag yn gwneud i 'mhen droi, fel taswn i wedi cael fy llyncu gan bwll mawr llawn gwartheg a thractors a Land Rovers, a rhoddais y bai ar yr holl win anghyfarwydd ro'n i wedi'i yfed. Oeddwn siŵr, ro'n i'n hapus ac yn edrych ymlaen at symud i Benbryniau yn wraig i Lloyd. Wedi'r cwbwl, roedd ei fam wedi addo'r croeso mwyaf i mi ac wedi gofalu mai dim ond y gorau oedd yn fy nisgwyl yno.

Wyddost ti be? Dydw i ddim yn cofio rhyw lawer mwy am ddiwrnod fy mhriodas – pwy wnaeth yr anerchiadau, be gawson ni i'w fwyta, sut flodau oeddat ti wedi eu dewis i ni. Ond welais i erioed mo Mam yn edrych mor hapus ag yr oedd hi'r diwrnod hwnnw wrth ein gweld, y ddwy ohonon ni, yn ddigon o sioe. Chafodd hi fawr o amser wedi hynny gan i'r hen waeledd brwnt ei llesgáu a'i dwyn oddi wrthon ni. Mi ydw i wedi penderfynu torri fy addewid iddi a dweud bob dim wrthat ti o'r diwedd, yn y gobaith y daw hynny â ni'n agosach at ein gilydd fel yr oeddan ni ers talwm, ac y doi di i ddeall pam ro'n i mor benderfynol o ddal fy ngafael yn y llestri.

Erbyn hyn roedd gwaelod fy nghefn fel petai ar fin hollti ar ôl eistedd cyn hired wrth y bwrdd dros y llythyr. Fûm i erioed yn un am fwynhau sgwennu, fel y gwnâi rhai o fy ffrindiau ysgol. Celf oedd fy hoff bwnc bryd hynny, a byddwn yn edrych ymlaen gymaint at bob gwers, yn ysu am gael y papur gwyn, glân o 'mlaen a chymysgu'r paent ar y plât i greu'r union liw ro'n i am ei roi i lawr ar y papur. Teimlwn mor fyw yn y gwersi arlunio rhieny, ac mor siomedig pan ganai'r gloch mor greulon ar draws fy syniadau i ddod â'r wers i ben. Doedd 'na ddim tamaid o siarcol na phaent powdwr yn Nhŷ Capel, dim ond llond llaw o bensiliau lliw a siapiau wedi eu rhoi yn barod ar dudalennau llyfr i mi eu lliwio yn daclus ... heb fynd dros y llinellau.

Cofiais am yr offer a brynais yn yr oriel y bore hwnnw, ac ar ôl cerdded yn ôl a blaen i ystwytho fy nghoesau gafaelais ynddynt a'u rhoi ar y bwrdd. Daeth yr hen ysfa'n ôl i fy mysedd a dechreuais dynnu'r golosg du i fyny ac i lawr y papur nes y dechreuodd siapiau deiliach ymddangos arno. Symudai fy llaw yn gynt a chynt nes roedd y dudalen yn llawn o ddail yn troelli o gwmpas wrth i'r gwynt eu hyrddio. Hedfanodd amser wrth i mi fraslunio, a phan godais fy mhen sylweddolais fy mod wedi anghofio popeth am y llythyr ro'n i ar ganol ei sgwennu i Enfys. Roedd gen i gymaint i'w ddatgelu iddi, ond doeddwn i ddim am ddifetha'r teimlad o fodlonrwydd oedd wedi gafael yndda i wrth weld y dail yn datblygu ar y papur o flaen fy llygaid. Roedd dros awr wedi pasio heibio heb i mi feddwl unwaith amdanaf fy hun, na Lloyd a'r plant.

Penderfynais adael y llythyr am y tro, a'i orffen drannoeth.

5

Pan agorais fy llygaid y bore wedyn teimlais fod rhywbeth cyffrous yn fy nisgwyl, ond fedrwn i ddim dirnad beth oedd yn gwneud i mi deimlo felly nes i mi gofio am y darlun ro'n i wedi'i gwblhau y prynhawn cynt. Llamais o'r gwely i edrych arno: roedd y dail o wahanol siapiau a gwead yn dal i ddawnsio ar y papur a daeth ysfa drosta i i greu mwy. Agorais ddrws y cwch a rhoi fy mhen allan. Roedd y gwynt wedi gostegu a'r haul yn awgrymu y byddai'n gwenu am y rhan fwyaf o'r dydd, felly ar ôl gwisgo amdanaf, llyncais fy mrecwast, rhoi'r llyfr brasluniau a'r pensiliau yn fy mag a chamu oddi ar y cwch. Edrychais o'm cwmpas, yn ceisio penderfynu i ba gyfeiriad y cerddwn. Roeddwn wedi gweld cadeiriau bychain yn hongian ar wal y cwt yn yr ardd, ac es yno i ddewis un y medrwn ei chario'n hawdd. Ar ôl croesi'r gamlas, oedais i edrych yn ôl ar y bont, gan ddotio at ei ffurf fwaog a'r ffordd roedd yr haul isel yn sgleinio ar y dŵr oddi tani gan adlewyrchu lliw a siâp pob carreg. Wedi gosod fy nghadair, agorais y llyfr ar fy nglin a cheisio trosglwyddo'r hyn a welwn i'r papur, ond bu'n rhaid i mi roi sawl cynnig arni nes bodloni, o'r diwedd. Ar ôl gorffen, caeais fy llygaid i fwynhau gwres yr haul ar fy wyneb.

Ro'n i'n siŵr o fod wedi dechrau hepian, oherwydd cefais fy nychryn gan lais yn fy nghyfarch yn uchel. Agorais fy llygaid i weld cwch yn llithro'n dawel o dan y bont, a chodais fy llaw yn ôl ar y dyn y tu ôl i'r llyw a'r ddynes oedd yn eistedd ar y pen blaen yn darllen, y ddau yn amlwg yn mwynhau eu hamser hamdden heb ofal yn y byd. Tybed i ble roeddan nhw'n mynd?

Rhedodd ias drosta i a dechreuais gasglu fy offer at ei gilydd cyn cychwyn yn ôl i glydwch y *Ladi Wen*. Yno ar y bwrdd, yn disgwyl i mi fod yn ddigon dewr i'w gwblhau, roedd y llythyr anorffenedig. Gafaelais mewn beiro.

Mi ydw i wedi penderfynu torri fy addewid i Mam a dweud y cyfan wrthat ti.

Pan o'n i'n feichiog efo Huw, mi oedd Mam yn wael iawn yn yr ysbyty – ti'n cofio? Symudwyd hi i ward fach ar ei phen ei hun, ac mi arhosais yno efo hi drwy'r nos, yn gwybod bod rwbath yn ei phoeni. Dechreuodd siarad yn wantan gan afael yn fy llaw cyn dynned ag y gallai. Er mai prin y clywn ei llais, roedd yn amlwg ei bod yn benderfynol o ddeud rwbath wrtha i.

'Delyth,' meddai hi, 'mae 'na lythyrau yn perthyn i ti yn y jwg Portmeirion yn y cwpwrdd gwydr. 'Stynna'r goriad o 'mhwrs i.'

Ti'n cofio, ma' siŵr, mai dim ond Mam oedd yn cael agor y cwpwrdd gwydr unwaith y flwyddyn i olchi'r llestri. Ro'n i wastad yn meddwl mai'r rheswm am hynny oedd ei bod ofn i ni'n dwy eu cracio, er nad oeddan nhw'n werthfawr iawn, chwaith. Rhyw gwpanau jiwbilî a ffigarîns a ballu oedd ynddo fo, ond roedd o wastad wedi ei gloi a'r goriad wedi'i guddio o'r golwg yn ofalus ganddi.

Mi feddylis i ei bod hi'n drysu yn ei gwendid ond tynhaodd ei gafael yn fy llaw a sibrwd, 'Del, nid fi ydi dy fam iawn di.'

Ceisiais ei thawelu ond mynnodd gario 'mlaen, er bod ei llais mor wan.

'Doedd dim golwg bod dy dad a finna am gael plant,' brwydrodd i drio llenwi ei hysgyfaint cyn yngan y geiriau a newidiodd fy mywyd, 'a'r diwedd fu i ni dy fabwysiadu di.'

Wyddwn i ddim sut i'w hateb. Chwiliais ei hwyneb am unrhyw arwydd ei bod yn drysu, a phan sylweddolais ei bod o ddifri cefais gymaint o sioc fel na fedrwn ddweud gair am eiliadau hir, hir. O'r diwedd trois ati a dweud, 'Mwydro 'dach chi, Mam bach. Trïwch gysgu rŵan.'

Ond mi oedd hi'n anniddig, yn gwneud ymdrech i godi ei phen a'i llygaid glas clwyfus yn syllu'n syth i'm llygaid i. Rhoddais fy mraich o dan ei hysgwydd i geisio gwneud y gobennydd yn fwy cyfforddus iddi, cyn gosod ei phen yn ôl yn dyner arno.

'Na, 'mach i,' meddai hi wedyn, 'dwi'n deud yn hollol wir wrthat ti. Dyna pam y symudon ni o Sir Fôn i Dŷ Capal, er mwyn cadw'r peth yn ddistaw ...'

Roedd ei hymdrech i siarad wedi ei blino'n arw a gadewais iddi gysgu. Wnes i ddim symud oddi wrth erchwyn y gwely, ac mi fûm yn ailadrodd ei geiriau drosodd a throsodd yn fy mhen. Erbyn y bore roedd yn amlwg ei bod yn gwanhau, a phob anadl cras fel petai'n sibrwd 'mabwysiadu ... mabwysiadu'.

Fedrwn i ddim meddwl yn glir. Fedrwn i ddim credu'r hyn roedd Mam newydd ei ddweud wrtha i, ond er ei bod yn amlwg yn agosáu at y diwedd, gwyddwn na fuasai hi byth bythoedd yn fy mrifo efo anwiredd. Nid hi oedd fy mam. Nid ei merch hi oeddwn i. Do'n i ddim yn perthyn yr un tropyn o waed iddi hi. Roedd y peth yn rhy greulon.

Ar ôl mynd adra o'r ysbyty, fedrwn i ddim wynebu Lloyd ac mi es i'r gwely gan esgus 'mod i wedi blino. Pam na fedrais i sôn wrtho, na chditha, am y peth, wn i ddim. Cywilydd? Ofn? Ofn i ti droi dy gefn arna i?

Fu hi ddim yn fyw am hir ar ôl y noson honno. Wrth gasglu ei heiddo at ei gilydd yn yr ysbyty cofiais am y goriad yn ei phwrs a'i guddio yn fy mhoced yn saff, ond soniais i ddim wrth neb am ei geiriau olaf. Yng nghanol trefniadau'r angladd mi driais anghofio bob dim ddywedodd hi wrtha i. Doeddwn i ddim am dy styrbio di yn fwy nag yr oedd marwolaeth Mam wedi ei wneud yn barod. Ar ôl y cynhebrwng mi aethom ati ein dwy i glirio'r tŷ, a phan oeddat ti yn y llofft yn cael smôc fach ar y slei agorais glo'r

cwpwrdd gwydr ac edrych i mewn i'r jwg coffi – roedd dwy
amlen wedi'u plygu ynddo a rhoddais nhw o'r golwg yn fy
mhoced. Ar ôl didoli'r rhan fwyaf o eiddo Mam yn y llofft yn
bentyrrau taclus rhoesom y gorau iddi am y diwrnod a mynd
adra – y noson honno, ar ôl i Lloyd fynd allan i ryw gyfarfod,
es i'r llofft i'w hagor.

Llawysgrifen ysgafn Mam oedd ar un amlen – ro'n i'n
ei nabod yn iawn – ond roedd y llythrennau breision oedd
wedi eu llunio mewn inc du ar yr amlen arall yn ddiarth
iawn i mi. Darllenais un Mam yn gyntaf.

Annwyl Delyth fach,
Mi fydd agor yr amlen yma yn rhoi dipyn o sioc i ti, mi
wn. Dwi'n gobeithio y medri di faddau i ni am gadw'r
gyfrinach oddi wrthat ti cyhyd, ond mi wnaethon ni
barchu dymuniad dy fam enedigol na fuasen ni'n sôn
dim wrthat ti nes i ti ddod i oed. Dyna oedd y bwriad,
ond erbyn i ti gyrraedd dy un ar hugain roedd Enfys yn
tyfu i fod yn ferch ifanc a chditha wedi mopio efo hi. Hi
oedd cannwyll dy lygad. 'Enfys fy chwaer fach' – dyna
sut fyddet ti'n cyfeirio ati bob amser. Sut yn y byd oeddan
ni'n mynd i fedru egluro i chi'ch dwy nad oedd yna 'run
tropyn o waed yn gyffredin ynddach chi? Beth petai'r
newyddion yn creu rhyw agendor mawr rhwng y ddwy
ohonoch? Fedren ni ddim mentro crybwyll y peth a
chitha mor agos. Plis maddeuwch i ni.

Roedd dy dad a finna'n ysu am gael plant er mwyn
creu teulu bach, ond siom gawson ni am flynyddoedd.
Yn y diwedd mi benderfynon ni chwilio am blentyn i'w
fabwysiadu. Y munud y gwelson ni chdi gynta mi
wnaethon ni wirioni'n lân, a dy enwi di'n Delyth gan dy
fod ti mor ddel, ac am ei fod yn debyg i'r enw gwreiddiol
roddwyd i ti ar dy enedigaeth, sef Dorothy. Mi symudon
ni i Dŷ Capel yn syth ar ôl i ti ddod aton ni fel nad oedd
neb yn yr ardal ddim callach mai wedi dy fabwysiadu

oeddat ti. Wrth gwrs, roedd Taid Benllech yn gwybod ac wedi addo na soniai o 'run gair wrth neb, ac erbyn i ti fod yn ddigon hen i ddallt roedd o wedi marw a mynd â'r gyfrinach efo fo i'w fedd. Doedd mam dy dad ddim callach – roedd ei meddwl wedi mynd ers tro a hitha mewn cartref nyrsio – a doedd fawr o gysylltiad rhwng dy dad a'i chwiorydd chwaith.

Paid ti byth ag anghofio ein bod wedi dy garu gymaint â tasat ti'n rhan ohonan ni, ac mi fuest titha'n ferch ufudd ac annwyl i ni ac yn chwaer arbennig i Enfys. Cadwch yn glòs at eich gilydd ar hyd eich oes.

Fy nghofion anwylaf atat, gyda gwir gariad.
Dy Fam.

Daliais ei llythyr yn fy llaw am funudau a syllais ar y wal o'm blaen – roedd Mam yn dweud y gwir felly. Mabwysiadu.

Dorothy-Delyth-Dorothy-Delyth.

Doeddwn i'n perthyn dim iddi hi na 'Nhad, nac i titha, Enfys.

Yna, agorais yr amlen arall yn araf, fesul dipyn bach, gan na wyddwn i be i'w ddisgwyl. Cefais dipyn o sioc i weld mai llythyr byr iawn gan y ddynes a esgorodd arna i oedd o. Dwi wedi darllen y llythyrau gymaint o weithiau fel eu bod yn fyw o flaen fy llygaid, air am air, bob awr o'r dydd, ond soniais i ddim amdanynt wrth neb, ddim hyd yn oed wrth Lloyd, ac yn sicr ddim wrth Huw a Llinos.

Dyma oedd yn fy nisgwyl yn y llythyr arall ...

Annwyl Dorothy,
Gobeithio y gwnei di faddau i mi am dy wrthod, ond doedd gen i ddim dewis. Mi ydw i'n gwybod y cei di gartref da a chariadus, a fy nymuniad yw na fyddi byth yn ceisio cysylltu â mi.

Artist tlawd a dibriod ydw i, ac mae'n freuddwyd gennyf erioed i deithio'r byd a chael paentio golygfeydd

godidog fel Paris a Florence. Fedra i ddim gwneud hynny
a gofalu am blentyn bach. Er hynny, mi hoffwn i ti gael
y llestri hyn – fedra i ddim mynd â nhw gyda mi ar fy
nheithiau, mwy nag y galla i fynd â ti.
      Mary.

A *dyna i gyd.* Mary. *Dim Mam, na cariad mawr. Dim ond*
Mary.
      Fedri di ddychmygu gymaint o sioc oedd darllen y
llythyrau? Pan fyddwn yn magu Huw yn fy mreichiau
byddai'r llythyr yn dod yn fyw yn fy mhen. Pa fath o ddynes
fedrai sgwennu llythyr mor oeraidd? Dynes oedd yn fodlon
rhoi ei merch fach i ffwrdd i ddieithriaid, fel cynnig hen lestri
di-werth i sêl cist car yn y pentref er mwyn gwagio'i thŷ cyn
codi ei phac a dilyn ei breuddwydion?
      Does gan neb syniad sawl awr, sawl noson dreuliais i yn
meddwl amdani a thrio dychmygu sut un oedd hi. Oeddwn
i'n debyg iddi o ran pryd a gwedd? Ambell dro mi fyddwn yn
ei melltithio am fy ngwrthod; dro arall yn diolch iddi am fy
ildio i deulu mor gariadus. Ond wrth i mi fynd yn hŷn
dechreuais ddod i ddeall ei bod wedi gorfod aberthu llawer,
ac nad oedd ganddi fawr o ddewis os oeddwn am gael fy
magu mewn cartref sefydlog. Ceisiais faddau iddi, ac o dipyn
i beth dechreuais bitïo drosti am na chafodd hi erioed y profiad
o deimlo cariad ei merch tuag ati. Weli di rŵan, Enfys, pam
fy mod wedi cael nerth i ddal fy ngafael yn y llestri?
      Dwi wedi sylweddoli na fedra i symud ymlaen i ystyried
be dwi isio'i gyflawni efo 'mywyd cyn rhannu'r gyfrinach
'ma efo chi i gyd, gan ei bod hi'n fur mawr, anweledig
rhyngddon ni. Wrth gwrs, mae gan Huw a Llinos hawl i
wybod am eu llinach ac mi gaiff y ddau benderfynu drostynt
eu hunain a ydyn nhw am balu'n ddyfnach i'w hachau. Ond
dwi isio dweud y cwbwl wrth Lloyd a'r plant wyneb yn
wyneb, felly dwi'n gofyn i ti gadw'r cwbwl i ti dy hun nes y
bydda i wedi dychwelyd adra.

Fuodd pethau ddim yr un fath rhyngddon ni'n dwy ar ôl i Mam farw, yn naddo? Mi est ti'n ôl i'r coleg a chyn pen dim cyrhaeddodd llythyr gen ti yn dweud dy fod yn symud i mewn efo dy gariad newydd – Rheinallt oedd ei enw o, os cofia i'n iawn. Ro'n inna'n rhy brysur, ma' siŵr, i boeni amdanat ti fel y byddwn i'n gwneud cynt – roedd gen i ddigon ar fy mhlât efo Huw yn fabi ac edrych ar ôl mam Lloyd ar yr un pryd. Patrwm felly fu ein hanes ni wedyn, yntê? Chdi a Rheinallt yn galw heibio weithiau, ond roedd rhyw hen dyndra rhyngddon ni, ac mi ddechreuon ni daeru efo'n gilydd, yn enwedig pan soniaist dy fod am adael y coleg. Cael dy ffordd dy hun wnest ti fel arfer a mynd i weithio, er 'mod i wedi trio dy berswadio i aros i orffen dy radd, ac mi ddechreuaist yrru cardiau post efo negesuon fel 'Cael anturiaethau ... bacpacio yn yr haul' o lefydd fel Llydaw a gogledd Sbaen. Mi fyddwn i'n ysu weithiau am gael gwneud yr un fath, ac yn cenfigennu atat yn medru fforddio'r holl wyliau. Ond wnes i erioed ddweud hynny wrthat ti.

Ar ôl i Huw a Llinos gael eu geni mi aeth fy mywyd ar ryw garlam gwyllt, yn enwedig wrth iddyn nhw dyfu i fyny a dechrau yn yr ysgol. Y Volvo oedd fy ail gartref wedyn, yn danfon a nôl bedair gwaith y dydd, a mwy byth o redeg ar ôl iddyn nhw ddechrau mynychu gweithgareddau ar ôl oriau'r ysgol. Pan fyddwn i isio amser i mi fy hun mi fyddwn yn cau fy hun yn y llofft sbâr yn hel esgus o'i llnau, ac yn eistedd yn dawel ar silff y ffenest i fyseddu llythyrau fy nwy fam. Mi fûm yn lwcus i gael profi cariad un ohonyn nhw, ond roedd y ffaith nad oeddwn yn gwybod o ble y dois i'n wreiddiol yn dechrau pigo fy isymwybod.

Mi fydd darllen hyn yn siŵr o roi sgytiad iawn i ti, Enfys, yn union fel ges i pan ddarllenais y llythyrau am y tro cyntaf. Mi ddylwn i fod wedi dweud hyn wrthat ti flynyddoedd yn ôl, ac mae'n ddyletswydd arna i i ddweud rŵan. Rydw i wedi cael amser i ddod i ddygymod â'r peth ac wedi sylweddoli na fyswn i wedi newid fy mywyd efo chdi a Mam a 'Nhad yn

Nhŷ Capel am bris yn y byd. Gwnes benderfyniad y byddwn yn parchu dymuniad Mary i beidio â chwilio amdani. Cofia, roedd yn demtasiwn weithiau i gysylltu â'r asiantaeth fu'n delio efo fy mabwysiad, ond i be dynnwn i nyth cacwn i 'mhen ar ôl darllen neges Mary nad oedd hi am gael unrhyw berthynas â fi?

Felly dyma fi, Enfys fach, ar ben fy hun heblaw amdanat ti, Lloyd, Llinos a Huw, ac os wyt ti o ddifri yn dal i fod awydd y llestri, mae croeso i ti iddyn nhw. Dydyn nhw'n golygu dim i mi o'u cymharu â llythyr Mam sy'n llawn cariad. Rydw i wedi poeni llawer y byddi di'n pellhau ymhellach oddi wrtha i pan ddoi di i wybod nad oes 'na ddafn o'r un gwaed yn rhedeg drwy'n gwythiennau ni'n dwy, ond wnei di drio cofio am yr amseroedd da gawson ni efo'n gilydd yn Nhŷ Capel ers talwm? Dwi'n dal i feddwl y byd ohonat ti, cofia, yn union yr un faint â Lloyd a'r plant, ac yn colli dy gwmpeini.

Dwi am erfyn arnat ti eto i beidio â chrybwyll gair o hyn wrth Lloyd er mwyn i mi gael amser i dorri'r newydd iddo fo gynta. Mae rhyw faich mawr wedi codi oddi ar fy ysgwyddau wrth sgwennu hyn i lawr, a rŵan, efallai y bydda i'n fwy rhydd i fentro gwneud rwbath newydd efo fy mywyd. Paid â 'ngham-ddallt i – mi fyddaf yn siŵr o fynd adra, ond fydda i ddim yn fodlon eistedd yn y tŷ i aros i Lloyd a Huw ddod i chwilio am eu bwyd o hyn ymlaen, mae hynny'n saff i ti. Mae 'na ysfa yndda i i greu rwbath, neu i deithio i weld y byd y tu allan i Benbryniau … gawn ni weld.

Gobeithio y gwnaiff hyn o eiriau ddod â ni yn agosach at ein gilydd fel roeddan ni ers talwm, ac y cawn dreulio oriau o amser yng nghwmni'n gilydd eto.

Dwi'n addo dy ffonio ymhen sbel i gael sgwrs,
Cofion fil,
Dy annwyl chwaer,
Delyth.

Eisteddais yno am rai munudau, fy llygaid wedi'u hoelio ar y papur. Dyna ddylwn i fod wedi ei ddweud wrth Enfys o'r munud cyntaf y darllenais y llythyrau, nid cadw'r gyfrinach i mi fy hun fel petai cywilydd mawr arna i o ddallt mai wedi fy mabwysiadu oeddwn i. Ella bysa hynny wedi osgoi'r holl dyndra a drwgdeimlad fu rhyngddon ni am flynyddoedd. Be oedd ar fy mhen i? Rhoddais ochenaid fawr o ryddhad wrth blygu'r llythyr yn ofalus a'i roi yn yr amlen oedd wedi'i chyfeirio at Enfys.

Enfys druan. Wnaeth ei pherthynas â'r Rheinallt hwnnw ddim para'n hir iawn cyn iddo godi'i bac a mynd, a'i gadael, druan fach, ar ei phen ei hun mewn fflat yn y dre. Ond er i mi erfyn arni'n daer sawl tro i adael i Lloyd a minna ei helpu, gwrthod yn bendant a wnâi. Efallai fod gormod o gywilydd ganddi i gyfaddef bod ei pherthynas wedi troi allan yn siomiant, a'i bod yn teimlo'n genfigennus wrth weld Lloyd a finna yn hapus ym Mhenbryniau. Wnaethon ni ddim closio'n ôl wedyn, hyd yn oed ar ôl i Enfys ddechrau canlyn Ed, a roddodd fywyd cyfforddus iawn iddi. Gobeithio y deuai'r llythyr â ni'n nes at ein gilydd pan welai nad oedd fy mywyd innau'n berffaith chwaith.

Artist. Roedd y gair yn gwrthod gadael fy mhen. Artist. Y gair oedd yn egluro fy awydd brwd ers fy mhlentyndod i afael mewn pensel a phapur. Erbyn hyn, gallwn gysylltu'r teimlad cyffrous fyddwn i'n ei gael yn y gwersi arlunio yn yr ysgol ers talwm â'm mam enedigol. Y teimlad siomedig ar ddiwedd pob gwers pan na fyddwn wedi gorffen llun ac yn gorfod rhoi'r papur ar ddesg yr athro wrth adael y stafell gelf. Y teimlad rhwystredig ar ôl cyrraedd adref wrth orfod cyfyngu lliwiau'r pensiliau y tu mewn i ffiniau'r darluniau oedd eisoes yn y llyfr, a finna ar dân i ymestyn y lluniau hynny i bob cyfeiriad ar y tudalennau. Gwaed artist oedd yn rhedeg drwy fy nghorff.

Camais i fyny grisiau'r cwch, yn awchu am awyr iach i geisio cael gwared â'r dryswch oedd yn corddi yn fy mhen. Y tu allan, roedd popeth yn edrych yn gliriach ac yn fwy llachar rywsut; roedd yr awyr yn lasach, pob deilen grin yn felynach ac yn

gochach a dŵr mwdlyd y gamlas, hyd yn oed, yn edrych fel
siocled meddal sidanaidd. Lapiais fy mreichiau'n dynn am fy
nghanol i fwynhau'r olygfa cyn mynd yn ôl i lawr i'r cwch at fy
llyfr braslunio.

6

Roedd y llythyr yn saff yn fy mhoced pan gyrhaeddais y dref y bore wedyn. Ar ôl prynu stamp yn y swyddfa bost es i mewn i'r caffi am baned. Oedais cyn glynu'r stamp ar gornel yr amlen. Doeddwn i ddim wedi mentro'i selio, hyd yn oed, gan 'mod i'n dal i amau ai datgelu popeth i Enfys oedd y peth gorau i'w wneud. Efallai y byddai'n well i mi aros nes y deuwn wyneb yn wyneb â hithau, hefyd, i rannu fy nghyfrinach.

Ro'n i'n eitha balch mai'r weinyddes ifanc a welais y tro cyntaf y bûm i yno ddaeth i gymryd fy archeb, petai dim ond i mi gael torri gair yn Gymraeg â rhywun heblaw fi fy hun – er nad oeddwn yn barod i ateb ei chwestiynau busneslyd chwaith.

'O, helô! Neis eich gweld chi yma eto ... ar wyliau 'dach chi? Gadewch i mi ddyfalu – ar gwch ydach chi'n aros?'

Gwenais arni yn hytrach nag ateb. Pan ddaeth â'r baned i mi sylwodd ar yr amlen ar y bwrdd ac amneidiodd at stondin ger y cownter oedd yn llawn cardiau post.

'Fydd gen i ddim mynadd sgwennu llythyr, 'chi, dim ond ryw ddau air ar gefn un o'r rheina fydda i'n ei anfon, os oes rhaid ... neu decst, 'te. Mae'r cardiau 'na yn rhai newydd – lluniau lyfli arnyn nhw gan artistiaid lleol. Werth eu gweld.'

Buan iawn y sylweddolodd nad oedd gen i fawr o awydd trin a thrafod y cardiau post a chiliodd yn ôl i'r gegin, ond pan gerddais at y cownter i dalu am fy mhaned denwyd fy sylw at y lluniau cywrain ar y cardiau. Tirluniau lleol oedd ar yr rhan fwyaf: pontydd, camlesi a chestyll, ond yna syrthiodd fy ngolygon ar lun o giât haearn wedi ei saernïo'n hardd a'i phaentio'n wyn. Roedd yn edrych yn union fel darn o les cymhleth yn hongian ar gefndir glas yr awyr. Dotiais yn llwyr at ddawn yr artist i gopïo darn mor gywrain ac edrychais ar gefn y cerdyn, yn siomedig o weld nad oedd enw'r artist yno. Prynais ddau gopi ohono cyn mynd yn ôl at y bwrdd, a heb feddwl, llithrais un cerdyn i mewn at y llythyr yn yr amlen, a'i selio. Dyna fyddwn i'n ei wneud ers talwm, meddyliais, prynu dau o bob dim. Un i mi ac un i Enfys.

Gadewais y caffi a chrwydro'r stryd i chwilio am flwch postio, ond eiliad ar ôl ildio'r llythyr i'w geg dechreuais ddifaru. Beth petai Enfys yn fy ngwrthod pan ddeuai i ddeall nad oeddem yn perthyn i'n gilydd? Ond roedd yn rhy hwyr i droi'n ôl. Roedd ein magwraeth yn Nhŷ Capel wedi creu sylfaen ry gryf i adael i'n perthynas chwalu, siawns.

Roeddwn wedi cerdded at yr oriel heb sylwi, fel petai rhywbeth yn fy nhynnu yno. Yr un bachgen ifanc oedd yn eistedd yn y gornel y tu ôl i'r cownter, ond y tro yma cododd ei ben yn syth pan glywodd sŵn y drws. Pan eglurais wrtho 'mod i angen papur addas i drosglwyddo fy mrasluniau arno, cododd yn syth.

'Oes ganddoch chi baent adra?' gofynnodd.

Ysgogodd yr olwg gyfeillgar, onest ar ei wyneb fi i egluro mai aros ar gwch oeddwn i, am ychydig ddyddiau o wyliau. Wedi'r cwbwl, dyna oeddwn i'n ei wneud, yntê? Cael gwyliau oddi wrth bawb a phob dim. Wnaeth o ddim holi ymhellach, dim ond dangos bocsys o baent dyfrlliw o wahanol feintiau i mi. Wrth i mi dalu iddo gwenodd yn annwyl arnaf.

'Matt ydw i, ac mi fydda i yma bron bob dydd heblaw dydd Sul. Cofiwch alw os ydach chi isio unrhyw help.'

'Diolch,' atebais, 'Delyth ydw i.'

* * *

Toddodd y dyddiau nesaf i'w gilydd, un ar ôl y llall, a finna'n dechrau mwynhau fy nghwmni fy hun rhwng arlunio, paentio a chrwydro, a phicio i'r dref i brynu ychydig o fwyd bob hyn a hyn. Ar brydiau roedd y demtasiwn i agor y drôr a throi fy ffôn ymlaen, jest i weld a oedd Lloyd, neu unrhyw un arall, wedi trio fy ffonio, bron yn ormod i mi. Ond ar y llaw arall, ro'n i'n gyndyn iawn o darfu ar y llonyddwch ro'n i wedi'i ddarganfod. Fy amser i oedd hwn, fi a neb arall. Teimlwn fy nghamau yn sioncach nag y buon nhw ers blynyddoedd, er bod yr hen ias o arswyd yn codi drwy fy nghorff pan fyddwn yn agosáu at y bont sy'n croesi'r afon. O dipyn i beth, dechreuais fagu digon o hyder i goncro honno hefyd, i fedru rhoi cip sydyn dros ei chanllaw ar y dyffryn islaw heb deimlo'n chwil.

Wrth gerdded gyda'r gamlas âi'r cychod heibio i mi mor araf fel ei bod yn bosib cael sgwrs gydag ambell un oedd yn eistedd arnynt mor fodlon, yn mwynhau'r golygfeydd. Roedd y rhan fwyaf ohonynt yn mynd a dod i Langollen ac yn brolio eu hyfdra yn hwylio dros Bontcysyllte oedd mor arswydus o uchel uwchben y dyffryn. Edmygwn innau, yn dawel bach, eu dewrder yn gwneud y ffasiwn orchest. Bûm yn sgwrsio efo cwpwl o dde Lloegr oedd wedi gwerthu eu holl eiddo a phrynu'r cwch yr oeddynt arno, ac yn treulio'u hamser yn teithio yn ôl a blaen ar hyd y camlesi drwy gydol y flwyddyn, heb ddim i'w poeni heblaw edrych ar ôl y cwch a'r hen gi bychan du digywilydd oedd yn fy mygwth gyda'i gyfarthiad miniog.

Ceisiais ddychmygu sut y byddai Lloyd a finna'n ymateb i dreulio pob awr o'r dydd efo'n gilydd mewn lle mor gyfyng, ond fedrwn i ddim gweld Lloyd yn bodloni ar eistedd yn ei unfan am oriau, rywsut. Mae o mor hapus yng nghanol miri ei anifeiliaid a phrysurdeb gwaith y fferm, a finna'n edrych ymlaen at gael ei gwmni yn y tŷ ar ôl iddo noswylio, er mai syrthio i gysgu ar ôl brawddeg neu ddwy o sgwrs fydd o gan amlaf, gan fy ngadael i'n siarad efo fi fy hun. Bryd hynny byddaf yn troi'r teledu ymlaen, yn gwmni.

Un diwrnod cerddais cyn belled â thafarn y Jolly Boatman, a phenderfynu mynd i mewn am damaid o ginio. Roedd yn weddol ddistaw yno a'r tafarnwr rhadlon, oedd ddim yn annhebyg i'r llun o'r cychwr ar yr arwydd oedd yn gwichian ar ei fachau uwchben y drws y tu allan, yn barod am sgwrs. Pan welodd fod gen i ddiddordeb yn hanes y gamlas daeth rownd y bar i eistedd ar stôl wrth fy ochr, ei beint yn ei law. Dechreuodd y straeon am y gamlas a'r pontydd fyrlymu, ac eglurodd mai cario'r hen ffordd dyrpeg o Groesoswallt i Wrecsam a Llangollen wnâi'r bont fechan ro'n i'n aros nid nepell ohoni, yn wreiddiol. Synnais at yr ystadegau a lifai o'i geg am bont ddŵr y Waun a gariai'r gamlas o Gymru i Loegr dros afon Ceiriog, a phont y rheilffordd yn cydgroesi ddeg troedfedd ar hugain yn uwch na hi ar ei cholofnau tywodfaen. Gwyddai am bob modfedd o'r ardal gan ei fod wedi ei eni a'i fagu yn y dafarn fel ei dad o'i flaen, a gwrandewais yn astud ar ei straeon diddorol. Pan soniais 'mod i wedi gwirioni ar lun artist lleol o giât hardd ar gerdyn post, eglurodd mai giât Castell y Waun oedd hi, a bod ymwelwyr yn tyrru yno i dynnu ei llun ac i weld y llaw waedlyd oedd ar ei phen. Anogodd fi i gerdded i fyny'r ffordd gul tuag ati ryw ddiwrnod i mi gael ei gweld yn y cnawd, fel petai, ac adroddodd sut y daeth y llaw goch i ymddangos ar arfbais teulu'r castell byth ers y gyflafan rhwng dau o'r meibion pan dorrodd un ei law ei hun i ffwrdd wrth geisio sicrhau ei etifeddiaeth. Edrychais i lawr ar fy nghwpan goffi hanner gwag a meddwl mor chwerthinllyd o ddibwys oedd fy etifeddiaeth i. Roedd Lloyd yn iawn, rhoi'r llestri i Enfys fuasai'r peth callaf i'w wneud, nid eu cadw i mi fy hun i gofio am fam na wnes i erioed ei chyfarfod, mam nad oedd ganddi damaid o awydd i fy ngweld i. Dechreuais obeithio y byddai'r llythyr a bostiais at Enfys yn dileu'r llaw goch fu rhyngom ni'n dwy ers i Mam farw, am byth.

Sylwodd y tafarnwr arna i'n syllu i'r gwpan a chododd i'w hail-lenwi, cyn gofyn a oeddwn i wedi mentro cerdded drwy'r twnnel hir wrth ochr y gamlas yn y dref. Chwarddodd pan atebais nad oeddwn, ac nad oedd gennyf fwriad o wneud y fath beth chwaith, a dim ond canllaw tila i'm cadw rhag disgyn i'r dŵr budr yn y tywyllwch dudew. Eglurais iddo gymaint o ofn y tywyllwch fu gen i erioed, ac fel y byddai fy ffrindiau ers talwm yn ceisio fy narbwyllo i aros allan nes iddi dywyllu er mwyn chwarae cuddio yn y fynwent. Ei gwadnu hi am adra fyddwn i bob tro, a hwythau'n chwerthin a llafarganu ar fy ôl, 'Delyth, Delyth ofnus, bron â llenwi'i throwsus!'

Chwarddodd y tafarnwr yn uchel eto, ac mewn llais tawel dywedodd yn gellweirus y medrwn ofyn i'r hipis am fadarchen neu ddwy i dawelu fy nerfau cyn mentro i mewn i'r twnnel. Roedd y penbleth ar fy wyneb yn arwydd nad oeddwn gallach am bwy yr oedd o'n sôn, ac eglurodd fod rhyw gymuned wedi eu sefydlu eu hunain yn yr hen chwarel gerllaw ers tro, ac yn byw yno mewn hen garafannau a phebyll. Cyn iddo gael amser i ymhelaethu agorodd y drws a thywalltodd criw o gerddwyr swnllyd yn eu sgidiau mwdlyd i mewn, yn ysu am eu diod a'u creision. Roedd hi'n hen bryd i mi ei throi hi am y cwch os oeddwn am gyrraedd cyn iddi dywyllu, felly troediais yn ofalus at y drws gan geisio osgoi'r cŵn gwlyb, drewllyd oedd yn yfed o'r dysglau a adawyd iddynt ar lawr y bar.

Ar y ffordd yn ôl i'r cwch myfyriais dros sgwrs ddifyr y tafarnwr am y wyrth o godi'r pontydd. I mi, oedd gymaint o ofn uchder, roedd dychmygu'r gweithwyr druan yn llafurio uwchben y dyffryn yn peri i groen gŵydd godi dros fy mreichiau, a chyflymais i lawr ochr y gamlas. Roedd niwlen ysgafn wedi lledaenu dros y wlad ac wedi creu rhyw dawelwch rhyfedd o'm cwmpas. Ro'n i'n gobeithio na ddeuai neb o breswylwyr y chwarel i fy nghyfarfod – yn ôl disgrifiad y tafarnwr, roedd y criw o hipis yn swnio'n ddigon od. Sut fuaswn i'n ymateb pe deuwn wyneb yn wyneb ag un ohonyn nhw mewn llecyn mor unig? Prysurais yn fy mlaen gan chwilio am y llwybr a arweiniai i fyny at y bont a'r ffordd fawr, ond doedd hi ddim mor hawdd dod o hyd iddo yn y niwl. O'r diwedd cyrhaeddais y bont fechan, ac yn fy rhyddhad wnes i ddim sylwi ar gysgod rhywun yn eistedd ar y canllaw cerrig nes i mi godi fy llygaid am eiliad. Bu bron i mi â throi yn ôl – roedd straeon arswydus y tafarnwr am lofruddiaethau ar y camlesi ddegawdau yn ôl yn dal yn fyw yn fy meddwl – ond doedd gen i ddim dewis ond rhoi fy mhen i lawr a chyflymu wrth fynd heibio'r dieithryn. Fel yr oeddwn yn ei gyrraedd clywais fy enw'n cael ei alw drwy'r niwl.

'Helô, Delyth! Mi fu ond y dim i chi basio heb i mi'ch nabod chi.'

Bu bron i mi â neidio pan glywais y llais, cyn sylweddoli mai Matt o'r oriel oedd yn eistedd yno.

'O, Matt, wnes inna mo'ch nabod chitha.' Wnes i ddim gofyn iddo pam ei fod yn eistedd yno yn y niwl a hithau ar fin nosi, ond mi welodd y cwestiwn ar fy wyneb.

'Wedi dod yma i aros am fy nghariad ydw i, ond mae hi chydig yn hwyr ... mi ddylai hi fod yma'n o fuan.'

Wnes i ddim dweud wrtho nad oeddwn wedi gweld yr un enaid byw arall ar fy ffordd o'r dafarn, ac arhosais i eistedd wrth ei ochr am funud.

'Sut mae'r arlunio yn dod yn ei flaen?' holodd.

'A deud y gwir, tydw i ddim yn cael llawer o hwyl arni. Dydi o ddim mor hawdd ag yr o'n i'n disgwyl iddo fod. Ma' raid 'mod i wedi anghofio bob dim ddysgais i yn yr ysgol. Dim amser ... magu plant a bywyd prysur ar y ffarm ... ac mae 'na sbel ers i mi adael yr ysgol!'

'Peidiwch â phoeni, mi fyddwch yn siŵr o ailafael ynddi ar ôl chydig o ymarfer. Mi ydw i'n rhydd ddydd Sul – fysach chi'n lecio i mi ddod draw i'ch helpu chi?'

Er nad o'n i'n ei nabod, ro'n i'n teimlo mor gartrefol yn ei gwmni, a byddai treulio amser efo rhywun oedd yn rhannu fy niddordeb yn rhywbeth i edrych ymlaen ato, felly gwahoddais Matt i'r cwch bnawn Sul. Roedd ar fin fy ateb pan glywais sŵn sibrwd yn dod drwy'r niwl o gyfeiriad y llwybr oddi tanom. Clywais enw Matt yn cael ei alw'n dawel, a chyn i mi gael amser i ddweud gair yn rhagor roedd y llanc yn gwibio i lawr at y llwybr. Safais yno am funud neu ddau nes i mi sylweddoli fod Matt wedi diflannu efo'i gariad ac nad oeddynt yn dod yn ôl i 'nghyfeiriad i.

Cerddais yn gyflym heibio'r rhes o dai a oedd erbyn hyn yn gyfarwydd i mi, nes i olau gwan drwy ffenest cegin Kingfisher ddod i'r golwg. Penderfynais, wrth droi i lawr drwy'r ardd at y cwch, brynu fflachlamp pan awn i'r dre y tro nesaf, gan fod dyddiau'r hydref yn prysur fyrhau.

7

Hyrddiais fy holl egni i'm gwaith arlunio a phaentio yn ystod y dyddiau canlynol, a daeth y bont garreg fechan yn fyw o flaen fy llygaid. Ymddangosodd lliwiau'r cwch oedd â'i drwyn yn dod i'r golwg oddi tani yn fwy bywiog ar y papur fel yr oedd fy hyder yn fy ngallu yn tyfu. Edrychwn arnaf fy hun yn y drych ambell waith – wn i ddim beth ro'n i'n disgwyl ei weld, chwaith. Doedd dim yn wahanol yn fy ngwedd heblaw bod chydig mwy o liw ar fy mochau, ond ro'n i'n siŵr bod mwy o sbarc yn fy llygaid o ganlyniad i dreulio cymaint o amser yn yr awyr iach, yn cerdded ac yn eistedd i fraslunio'r golygfeydd o gwmpas y gamlas. Rhyw ruthro o gwmpas fy ngorchwylion wnawn i adref, bob yn ail â neidio i'r Volvo i siopa am fwyd neu i nôl rhyw ffisig neu dabledi o feddygfa'r ffariar. Pethau bach diflas a diddiolch.

Weithiau byddwn yn gadael i mi fy hun feddwl am Mary pan fyddwn yn eistedd yn ôl i edmygu fy ngwaith, ac am y tro cyntaf ers i mi ddarllen ei llythyr roedd gen i amser i feddwl o ddifri amdani. Sut un oedd hi? Un o le oedd hi? Faint oedd ei hoed pan ges i fy ngeni? Oedd hi'n dal yn fyw? Oeddwn i wedi etifeddu rhywfaint o'i hanian? Mae'n rhaid fy mod i, perswadiais fy hun, wrth weld y lluniau ro'n i wedi eu paentio yn bentyrrau o'm cwmpas, a deuai rhyw awydd drosta i i chwilio amdani. Ond yna byddwn yn cofio'i geiriau yn y nodyn byr a adawodd, a gwyddwn na fedrwn ymdopi petai hi'n fy ngwrthod am yr eildro. Wedi'r cyfan, ro'n i wedi byw mwy na hanner fy oes heb ei hadnabod, felly gadael i bethau fod fyddai orau, a dychwelyd i Benbryniau. A cheisio cymodi ag Enfys.

Ond beth fyddai ymateb Llinos a Huw pan dorrwn y newydd iddyn nhw? Fydden nhw am gael gwybod pwy oedd eu nain? Eu llinach? Welwn i ddim bai arnynt petaen nhw'n mynnu gwybod mwy am eu nain waed. Efallai y bydden nhw'n awyddus i'w chyfarfod – wedi'r cyfan, chafon nhw erioed berthynas â nain. Roedd Nain Penbryniau wedi marw cyn iddyn nhw gael eu geni a Nain Tŷ Capal, fel y byddwn yn ei galw wrth sôn wrthynt amdani, wedi marw cyn geni Huw. Soniais i ddim am y nain arall wrthyn nhw.

Ceisiais anwybyddu'r amheuon diflas a throi fy sylw at Lloyd. Dychmygu ei weld yn eistedd mewn penbleth wrth fwrdd y gegin, yn methu dirnad beth oedd wedi dod drosta i. Dychmygu sut y byddai'n parchu fy nghais iddo beidio â dod i chwilio amdana i er ei fod yn poeni ei enaid. Fyddai o byth wedi gwneud y ffasiwn dro sâl â mi – fy ngadael ar fy mhen fy hun heb fawr o eglurhad. Byddai bod ar ei ben ei hun yn anodd i ddyn fel Lloyd, oedd wedi dibynnu'n llwyr ar ei fam a'i wraig i edrych ar ei ôl o ar hyd ei oes. Oedd o wedi bod yn byw ar fwyd tun ers i mi adael, tybed? Fu dim rhaid iddo boeni am baratoi yr un pryd erioed gan 'mod i bob amser adre'n disgwyl amdano, i roi ei fwyd ar y bwrdd neu i'w gadw'n gynnes yn yr Aga. Llifodd cymysgedd o hiraeth ac euogrwydd drosta i wrth feddwl amdano ar ei ben ei hun ym Mhenbryniau. Oedd hi'n amser i mi fynd adref ato? Ro'n i wedi llwyddo i wrthsefyll y demtasiwn am ddyddiau maith i droi fy ffôn ymlaen, jest i weld a oedd rhywun wedi trio cysylltu, ond y noson honno, agorais y drôr a phwyso'r botymau cyfarwydd: rhif ffôn Penbryniau.

Codais y teclyn at fy nghlust â llaw chwyslyd, ond dal i ganu wnaeth o, heb neb yn ei ateb. Yna, cofiais mai nos Sadwrn oedd hi. Roedd Lloyd yn arfer picio i'r Ring am beint efo'i ffrindiau bob nos Sadwrn – tybed a oedd o wedi mynd yr un fath ag arfer, heb gymryd arno bod dim o'i le? Gwenais wrth feddwl amdano'n eistedd yn dawel yn y gornel, yn gadael i'w ffrindiau lenwi'r bar â'u chwerthin swnllyd. Diffoddais y ffôn yn gyfan gwbwl ar ôl gorffen yr alwad, rhag ofn i Llinos neu Huw drio ffonio. Doeddwn i ddim yn barod i siarad efo nhw. Penderfynais drio Lloyd eto ganol dydd drannoeth, pan fyddai o'n siŵr o fod yn y tŷ. Efallai y byddai Llinos wedi dod adref o'r coleg i baratoi cinio Sul iddyn nhw i gyd.

Dechreuais gywilyddio wrth feddwl peth mor hunanol oedd gadael. Gwyddwn fod Lloyd yn cymryd yn ganiataol 'mod i'n hapus braf ym Mhenbryniau, ac mi oeddwn i, heblaw bod cwestiwn Enfys wedi dechrau mwydro fy mhen. Efallai y byddai'n syniad i mi geisio'i berswadio i ddod i fy nôl yn y Volvo ar ôl gorffen ei waith drannoeth, ac aros yma efo mi ar y cwch dros nos os nad oedd o wedi trefnu i fynd i'r mart. Mi fysa'n braf i ni'n dau gerdded i'r Waun am bryd o fwyd – gallwn egluro iddo dros wydraid o win beth fu'n fy mhoeni'n ddiweddar. Tybed feiddiwn i drio'i berswadio i fentro pryd Indiaidd? Sawl blwyddyn oedd wedi mynd heibio ers i ni wneud rhywbeth gwahanol efo'n gilydd, rhywbeth rhamantus?

Tawelodd fy nghydwybod ar ôl i mi wneud y penderfyniad i'w ffonio, a gafaelais yn un o'r nofelau oedd ar y silff lyfrau fechan uwchben y gwely. Anghofiais bopeth am swper ar ôl cael fy nhynnu i mewn i'r llyfr, ac erbyn i fy stumog ddechrau cwyno'n uchel doedd gen i fawr o awydd coginio. Brechdan gaws amdani, felly. Synnais o weld ei bod wedi deg o'r gloch a bod y min nos wedi pasio heb i mi unwaith adael i fy meddwl grwydro. Roedd yr ychydig ddyddiau ar y cwch ar fy mhen fy hun, yn canolbwyntio ar fy narluniau, wedi llwyddo i f'atgoffa o'r byd mawr y tu allan i Benbryniau, ac wedi dangos i mi y gallwn innau fod yn rhan ohono. Am y tro cyntaf dechreuais deimlo 'mod i'n barod i fynd yn ôl adref – ond yn benderfynol o hawlio amser i mi fy hun ar ôl dychwelyd, doed a ddelo. Tynnais amdanaf a mynd â'r nofel efo fi i'r gwely, ond mae'n rhaid fy mod wedi syrthio i drwmgwsg bron yn syth oherwydd pan ddeffrois y bore wedyn roedd y llyfr yn agored wrth fy mhen ar y gobennydd. Dim ond saith o'r gloch oedd hi ac roedd hi'n dal yn dywyll, felly codais i wneud paned i gyfeiliant chwibanau'r gwynt drwy frigau'r helygen a swatio yn ôl yn y gwely i orffen darllen. Wedi'r cyfan, roedd digon o amser tan ganol dydd, pan fyddwn yn ffonio adref.

Roedd y llofrudd ar fin cael ei ddal a finna wedi ymgolli'n llwyr yn y stori pan dybiais i mi glywed sŵn traed ar ddec y cwch. Neidiais o'r gwely a sleifio at y drws i wrando, ond doedd dim i'w glywed. Erbyn hyn roedd y gwynt wedi cryfhau – ai dychmygu'r sŵn wnes i, neu gamgymryd sŵn brigyn yn disgyn oddi ar goeden am gamau dynol ar ôl gadael i'r stori arswyd fy meddiannu a 'nghyffroi? Doeddwn i ddim wedi ymgolli cymaint mewn nofel ers degawdau – fel arfer byddai rhywun yn tarfu arna i, ffôn yn canu neu anifail yn swnian o dan fy nhraed.

Fel ro'n i'n troi yn ôl i lawr y grisiau, yn awyddus i ailafael yn yr antur, clywais gnoc ysgafn ar y drws. Doedd dim gwadu honno. A 'nghalon yn ddrwm yn fy mynwes, rhewais, heb symud na dweud gair, nes y daeth yr ail gnoc.

'Pwy sy 'na?' gofynnais yn gryg.

'Fi, Matt.'

Daeth ton o ryddhad drosta i.

'Rhoswch funud, i mi gael gwisgo amdanaf,' galwais, wrth luchio fy siwmper dros fy mhen a thynnu fy jîns am fy nghluniau cyn camu i fyny'r grisiau i agor iddo.

Pan welodd Matt yr olwg ffrwcslyd oedd arna i, ymddiheurodd.

'Mae'n ddrwg gen i ddod yn gynt nag yr oeddan ni wedi trefnu, ond mae 'na ragolygon am storm go gry' pnawn 'ma. Ro'n i'n meddwl bod yn well i mi ddod rŵan na pheidio dod o gwbwl ... gobeithio na wnes i mo'ch styrbio chi.'

'Naddo siŵr,' atebais, 'wedi mynd yn ôl i'r gwely i ddarllen o'n i. Tynnwch eich côt – tra bydd y tegell yn berwi mi estynna i fy ngwaith allan i chi cael golwg drosto fo.'

Wrth daenu'r lluniau dros y cadeiriau a'r cypyrddau synnais o weld gymaint ro'n i wedi'i gyflawni mewn amser mor fyr. Trodd Matt ei sylw o un llun i'r llall heb yngan gair, gan oedi'n hirach uwchben ambell un a gwyro drostynt nes yr oedd ei drwyn bron â chyffwrdd y papur. Agorodd y llyfr brasluniau a throi'r tudalennau'n araf. Pan roddais y mygiau coffi ar y bwrdd eisteddodd i lawr gyferbyn â mi a golwg ddifrifol ar ei wyneb, a chwalodd rhyw euogrwydd mawr drosta i wrth feddwl 'mod i wedi ei dynnu allan ar y ffasiwn fore dim ond i edrych dros bentwr o luniau di-raen. Ro'n i ar fin ymddiheuro pan ofynnodd i mi ym mha goleg y bûm yn astudio.

'Fues i ddim yn y chweched dosbarth, heb sôn am goleg,' atebais gyda chywilydd braidd, 'dim ond cofio wnes i gymaint ro'n i'n mwynhau gwersi arlunio yn yr ysgol ers talwm, ac mi ges i ryw awydd i baentio. Mae'n ddrwg gen i os rois i gamargraff i chi.'

'Na, na,' meddai, a gwên lydan ar ei wyneb, 'mae rhai o'r lluniau yma'n dda iawn. Mae ganddoch chi arddull arbennig – mae hi'n fy atgoffa o artist y bûm yn astudio'i waith yn y coleg.'

Dechreuais deimlo'n falch iawn ohonof fy hun wrth wrando ar Matt yn brolio'r lluniau, ac eisteddais yn dawel, yn yfed fy nghoffi a'i wylio'n chwynnu drwy'r lluniau a rhoi ambell un o'r neilltu ar y bwrdd.

'Newydd ddod i'r Waun 'ma ydach chi?' gofynnodd toc. 'Dwi'm wedi'ch gweld chi o gwmpas tan y dyddia dwytha 'ma, yn naddo?'

Roedd rhywbeth amdano a wnâi i mi deimlo'n hollol gartrefol yn ei gwmni, yn fy atgoffa o Huw efallai, a dechreuais ddweud fy hanes i gyd wrtho. Gwrandawodd arna i'n astud heb dorri ar fy nhraws, ac erbyn i mi orffen ro'n i'n teimlo cymaint o ryddhad fel i mi ddechrau crio fel plentyn. Cododd Matt a rhoi ei fraich am fy ysgwydd nes i'r dagrau gilio.

'O, mae'n ddrwg gen i. Be ddaeth dros fy mhen i, yn cwyno fel'na wrthach chi? Ddaethoch chi ddim yma i wrando ar fy mhroblema i ... a pheth arall, dwi 'di penderfynu galw Lloyd heddiw, i ofyn iddo ddod i fy nôl i. Mi fydda i'n iawn rŵan.'

'Byddwch siŵr, ond mae'n rhaid i chi gario 'mlaen i baentio. Peidiwch â rhoi'r gorau iddi ar ôl cyrraedd adref – gofalwch eich bod chi'n neilltuo amser bob dydd i chi'ch hun.'

Haws dweud na gwneud, meddyliais, cyn gofyn iddo un o ble oedd o'n wreiddiol.

'Mae honno'n stori hir hefyd. Dach chi'n siŵr eich bod isio gwybod?'

Pan welais yn ei lygaid gleision ei awydd yntau i rannu, nodiais fy mhen arno.

'Rheolwr banc oedd Dad, felly mi dreuliais fy mhlentyndod yn symud o ardal i ardal yng Nghymru, heb aros yn ddigon hir yn unlle i fagu gwreiddiau. Fi oedd yr unig blentyn, ac o edrych yn ôl roedd o wedi cynllunio fy mywyd ar fy rhan – gwneud yn dda yn yr ysgol, gwersi ychwanegol mewn mathemateg er mwyn cael canlyniadau da yn yr arholiadau, gwneud yn siŵr 'mod i'n troi efo plant pobl fwyaf dylanwadol y trefi roeddan ni'n setlo ynddyn nhw, fy nghofrestru yn y clybiau golff a chriced lleol bob tro. Ei ddelfryd oedd i mi gael swydd yn ei fanc o a dilyn ôl ei droed yn rheolwr, cael cyflog da a phensiwn gwell ar ddiwedd fy ngyrfa. Ond roedd yn gas gen i fathemateg a phob math o chwaraeon, a hogyn dŵad fues i erioed ym mhob ysgol y bûm i ynddyn nhw. Roeddwn i'n ddigon hapus i dreulio fy amser yn fy stafell ar fy mhen fy hun yn stwna efo pensiliau a phaent, a phan roddai fy nhad ei ben i mewn rownd y drws weithiau byddai ffrae fawr yn codi rhyngddo fo a Mam am iddi adael i mi wneud cymaint o lanast yn fy llofft. Ar adegau felly byddai'n rhaid i mi dreulio oriau yn tacluso a llnau cyn iddo archwilio'r lle yn fanwl, ac os nad oedd o wedi'i blesio byddwn yn derbyn rhyw gosb neu'i gilydd. Dim byd corfforol, cofiwch, pethau fel gorfod dysgu darnau o farddoniaeth hir ar fy nghof neu olchi ei gar yn lân.

'Pan ddaeth yn amser i mi adael yr ysgol a dim ond y banc yn aros amdanaf ar y gorwel, mentrais ddweud wrth fy rhieni nad dyna'r trywydd roeddwn am ei ddilyn. Aeth Dad yn wallgof a 'ngalw i'n anniolchgar ac yn ddiog, ymysg pethau eraill, ac edliw'r holl gyfleoedd roedd o wedi ceisio'u rhoi i mi. Doeddwn i ddim i ddisgwyl yr un ddimai ganddo fo at fy myw, medda fo. Cadw'n dawel wnaeth Mam fel arfer. Mae'n rhaid ei fod o wedi sylweddoli o'r diwedd 'mod i o ddifri ynglŷn â 'nyfodol – Mam wedi ei berswadio i ailfeddwl, mae'n debyg – oherwydd un noson galwodd fi i mewn i'w stydi i ddweud ei fod o wedi cael gair efo'r prifathro. Roedd hwnnw wedi awgrymu 'mod i'n gwneud cais i'r coleg technegol lleol am le ar un o'u cyrsiau celf, ac amod Dad oedd y byddai'n rhaid i mi ennill cyflog ar y penwythnosau a'r gwyliau, gan nad oedd o'n fodlon fy nghynnal tra oeddwn i'n wastio fy amser ar ryw gwrs celf da i ddim. Wrth gwrs, ro'n i'n falch o gael fy rhyddhau o garchar oes y banc.

'Ar y dechrau ro'n i wrth fy modd yn y coleg, ac am y tro cyntaf yn fy mywyd dechreuais gymryd y gwaith o ddifri. O dipyn i beth mi wnes i ffrindiau oedd yn rhannu'r un diddordebau â mi. Tyfais fy ngwallt yn hir – a dweud y gwir doedd gen i ddim diddordeb yn sut ro'n i'n edrych na chywilydd o'r hen ddillad ro'n i'n eu prynu'n rhad mewn siopau elusen. Er fy mod i'n dal i fyw adref, cadw'n glir o gwmni Dad fyddwn i gan fod ei atgasedd tuag ata i a'r ffordd ro'n i'n edrych yn blaen ar ei wyneb.'

Cododd Matt ar ei draed a cherdded yn ôl ac ymlaen ar hyd y cwch cyfyng, gan ailedrych ar rai o fy lluniau. Roedd gen i gymaint o biti drosto – hogyn mor ifanc wedi gorfod cwffio mor galed yn erbyn ewyllys ei dad – ond ar y llaw arall ro'n i'n ei edmygu am fynnu ei ffordd ei hun.

'Mi wnes i weithio'n ddigon caled yn y coleg i gael cynnig lle yn y brifysgol i ddilyn cwrs gradd mewn Celfyddyd Gain. Symudais i rannu tŷ efo myfyrwyr eraill, ac yno y gwnes i gyfarfod fy nghariad, Lisa, am y tro cyntaf. Roedd hi mor wahanol i bawb arall oedd yno, mor ddistaw, diniwed ac ofnus. Roedd gen i biti drosti a dweud y gwir. Pan o'n i'n trio codi sgwrs efo hi, dim ond ateb fy nghwestiynau'n dawel wnâi hi, a dim mwy, ond doeddwn i ddim am roi i fyny ar chwarae bach gan fod rhywbeth amdani yn fy nenu tuag ati, a'i gwallt hir modrwyog yn fy atgoffa o ferched Titian. O dipyn i beth daethom yn ffrindiau, ac ymhen ychydig fisoedd roeddan ni'n treulio ein holl amser efo'n gilydd. Erbyn hynny roedd y ddau ohonom wedi colli pob diddordeb yn narlithoedd diflas y coleg, ac ar ddiwedd y flwyddyn gyntaf fe wnaethom benderfyniad i adael a chwilio am waith. Roedd un broblem fawr – fedren ni ddim fforddio'r rhent ar fflat neu dŷ a bu'n rhaid i Lisa fynd ar ofyn ei thad. Pan ddaeth hi'n ôl ata i ymhen ychydig ddyddiau roedd o wedi cytuno i adael i ni fynd i fyw ato fo, ac wedi sicrhau gwaith i ni'n dau yma yn y Waun. Dim ond ychydig oriau oeddan ni'n weithio ar y dechrau, fi yn yr oriel a hitha'n gweini mewn gwesty a chaffi, ond roedd yn ddigon i ni fedru cyfrannu ein siâr i dad Lisa at ein byw.

'Ond fedrwn i ddim cymryd at y dyn, o'r diwrnod cyntaf yr aeth â ni i'r hen garafán roedd o wedi'i rhoi yn gartref i ni. Roedd yn amlwg bod Lisa'n teimlo'n anghyffordddus yn ei gwmni hefyd, ac roedd y ffordd roedd o'n siarad â'r lleill oedd yn byw ar yr un safle yn gwneud i mi deimlo'n annifyr. Roedd o fel petai o a'i fryd ar reoli pawb, a'r argraff ges i oedd bod gan un neu ddau ei ofn o. Ond dyna fo, doedd ganddon ni fawr o ddewis os oeddan ni am aros efo'n gilydd, a chysurais fy hun y byddai rhywbeth gwell yn siŵr o droi i fyny cyn hir.'

Sylwais fod newid yn ei ymarweddiad pan ddechreuodd sôn am dad ei gariad. Roedd o'n anniddig, yn anesmwyth; ond ddywedais i 'run gair gan ei bod yn amlwg fod ganddo fwy i'w ddweud.

'Ar ôl dod i nabod ein gilydd yn iawn yn y coleg roedd Lisa a finna'n falch o gael ymddiried yn ein gilydd gant y cant. Mi fyddwn i'n cwyno ar fy myd – sut y gwnaeth Dad drio fy mherswadio i'w ddilyn o i'r banc – a dywedodd hitha'r cyfan wrtha i am ei mam. Roedd hi wedi dianc oddi wrth ei gŵr a'i ddylanwad drosti sawl gwaith pan oedd Lisa'n fychan, ond byddai'n dod o hyd iddyn nhw bob tro a'u hudo'n ôl ato. Roeddan nhw'n arfer byw mewn hen ffermdy anferth ymhell o bob man, a sylweddolodd Lisa wrth iddi dyfu i fyny ei bod yn wahanol i'r plant eraill oedd yn ei hysgol fach wledig. Hi oedd yr unig un oedd â thair neu bedair o 'fodrybedd' yn edrych ar ei hôl, a llond tŷ o 'frodyr a chwiorydd' i chwarae efo nhw. O'r diwedd, pan drawyd ei mam yn wael, symudodd y ddwy i fyw efo nain Lisa, ond colli'r dydd wnaeth ei mam druan pan oedd

Lisa yn bedair ar ddeg oed. Welodd hi mo'i thad wedyn, dim ond derbyn ambell gerdyn post ganddo bob hyn a hyn – pob un yn ymbil arni i ddychwelyd i fyw ato. Dyna sut y daethon ni yma i'r Waun ato fo.' Oedodd Matt am eiliad cyn gofyn, 'Ydach chi wedi sylwi ar yr carafannau a'r pebyll yn yr hen chwarel?'

Cododd Matt ei lygaid i edrych arna i, a sylwais am y tro cyntaf golwg mor ofidus oedd ynddynt. Wrth gwrs, Lisa roedd Matt yn ei chyfarfod wrth y bont y noson o'r blaen. Tybed ai hi a'i thad a glywais yn ffraeo yr ochr arall i'r gamlas yn fuan ar ôl i mi gyrraedd y cwch?

'Na, dwi ddim wedi mentro mor bell â hynny ond mi ofynnodd tafarnwr y Jolly Boatman yr un peth i mi y diwrnod o'r blaen.'

'Dyna lle mae Lisa ar hyn o bryd, yn byw mewn cymuned amgen – neu gymuned o hipis fel mae pobl yr ardal 'ma'n eu galw nhw. Mae ei thad wedi bachu ei grafangau ynddi ac yn gwrthod iddi adael.'

'Fedrith o ddim gwneud hynny, siŵr, yn enwedig y dyddia yma. 'Sgynno fo ddim hawl i'w chadw'n gaeth.'

'Tydi pethau ddim mor hawdd â hynny. Does ganddi 'run ddima goch y delyn gan ei fod o wedi cymryd pob ceiniog o'i chyflog yn y gwesty a'r caffi, a rŵan, ers i mi adael, mae o'n gwrthod gadael iddi symud cam oddi yno. Mae o hyd yn oed wedi mynd cyn belled â bygwth gwneud niwed i mi os gwnaiff hi fentro ei adael o, ac mi welais i ddigon arno fo tra oeddwn i'n byw yn y gwersyll i goelio y bysa fo'n cadw at ei air hefyd. Mae o'n rheoli pawb yno efo rhyw awdurdod rhyfedd. Tydi o ddim yn ei iawn bwyll … mae o'n ddyn peryg iawn yn fy marn i.'

Dau o bobl ifanc gymaint o ofn eu tadau? Fedrwn i ddim credu'r hyn ro'n i'n ei glywed, pan oedd fy mhrofiad i o gariad tad at blentyn mor wahanol.

'Roedd yn rhaid i mi adael Lisa ar ôl yn y chwarel – dyna'r unig ddewis oedd ganddon ni ar y pryd. Mi ydw i'n ennill ychydig mwy rŵan yn yr oriel ac yn cael ambell gomisiwn i baentio llun neu ddau, a dwi'n cadw pob ceiniog fel y medra i.

Pan fydda i wedi cynilo mwy o arian, digon i ni ailddechrau byw yn rhywle digon pell o fama, mi fydd Lisa a finna ar y trên cyntaf o'r stesion 'na cyn i'w thad sylweddoli ein bod ni wedi mynd.'

Gafaelais yn ei law a'i gwasgu'n dynn. Tybed sut fyddwn i'n teimlo petai Huw yn eistedd o 'mlaen a golwg mor bryderus arno? Fedrwn i ddim dychmygu gweld fy mab fy hun mewn cymaint o loes. Roedd bywyd Huw a Llinos mor ddiofal, a phopeth yn dod mor hawdd i'r ddau ohonyn nhw efo Lloyd a finna yno bob amser yn gefn iddyn nhw. Ystyriais fy mhroblemau fy hun – wnaeth neb fy rhwystro rhag gwneud dim erioed. Fy mai i oedd fy mod wedi teimlo'n rhwystredig, ac mi ddylwn fod wedi trafod pethau'n iawn efo Lloyd cyn dianc efo fy nghynffon rhwng fy ngafl fel hen ast fach lwfr.

Codais a dechrau paratoi brechdanau ham a thebotaid o de. Bu'r ddau ohonom yn bwyta mewn tawelwch am rai munudau, yn ein bydoedd bach ein hunain, cyn i mi darfu ar y tawelwch.

'Mi fyswn i'n lecio helpu … os medra i.'

Codais i estyn fy mag, ond oedais am eiliad cyn ei roi yn ôl ar y bachyn. Oeddwn i'n gwneud peth call? Wedi'r cyfan, sut oedd modd i mi sicrhau fod Matt yn dweud y gwir? Dim ond tua thair gwaith ro'n i wedi ei gyfarfod – sut gwyddwn i nad cynllwyn i fy nhwyllo oedd ei stori? Ond roedd rhywbeth yng nghefn fy meddwl yn dweud wrtha i ei fod yn hogyn didwyll, ac roedd yr ofn a synhwyrais yn llais y ferch yn galw ar Matt wrth y bont yn fy annog i ymyrryd. Beth petai Huw neu Llinos yn eistedd efo dieithryn un diwrnod, yn bwrw'u boliau am eu problemau … a fyddwn i am i'r dieithryn hwnnw helpu? Gafaelais yn fy mag am yr eilwaith ac eistedd wrth y bwrdd gyferbyn â Matt.

'Ylwch, Matt, mae gen i chydig o arian yn y bag 'ma, ac mi fyswn i'n licio'i roi o i chi a Lisa.'

Edrychodd y llanc arna i'n syn, a gwthio'r bag yn ôl tuag ataf.

'Na, wir, fedra i ddim. Diolch i chi 'run fath, ond fedra i ddim derbyn eich arian chi.'

Pan welais y pendantrwydd ar ei wyneb gwyddwn na fyddai'n ildio.

'Oes 'na rwbath arall fedra i 'i wneud i helpu? Prynu un o'ch lluniau chi?'

Ysgwyd ei ben wnaeth Matt mewn ymateb i'r cynnig hwnnw hefyd, cyn ailfeddwl.

'Wel ... mi fyswn i'n falch iawn petaech chi'n ystyried galw heibio i'r chwarel i gadw golwg ar Lisa i mi. Mae'n rhaid i mi fynd i ffwrdd am chydig ddyddiau i ddewis mwy o stoc i'r oriel. Efallai na chewch chi fawr o groeso yno i ddechrau, ond mae nifer fawr o'r bobl sy'n byw yno'n glên iawn, felly trïwch godi sgwrs efo nhw ac mi fyddwch chi'n iawn. Ond da chi, peidiwch â sôn wrth neb heblaw wrth Lisa mai fi sydd wedi gofyn i chi fynd yno.'

Cododd i adael, gan ymddiheuro am wastraffu fy amser efo'i broblemau. Ar ôl iddo wisgo'i gôt camodd i fyny'r grisiau a thrwy'r drws i'r storm oedd wedi codi y tu allan. Arhosais i'w wylio'n cerdded yn wargam i fyny'r ardd cyn troi a chau'r drws ar ei ôl. Fedrwn i yn fy myw anghofio'r olwg ymbilgar yn ei lygaid gleision, a phenderfynais yn y fan a'r lle y byddai'n rhaid i mi helpu'r ddau a mentro i'r gwersyll yn y chwarel.

Codais fy ffôn i alw Lloyd, ac ro'n i mor falch pan glywais ei lais yn ateb.

'Lloyd? Fi sy 'ma. Delyth.'

Clywais fy ngŵr yn cipio'i wynt yn sydyn.

'Delyth?' gwaeddodd yn uchel, yna gostyngodd ei lais. 'O! Del, lle wyt ti, cyw? Dwi 'di poeni gymaint amdanat ti. Lle ti 'di bod? Ti ar y ffor' adra?'

Gadewais i'w gwestiynau orffen byrlymu cyn agor fy ngheg i ateb.

'Dwi'n berffaith iawn, Lloyd. Mae'n ddrwg gen i 'mod i wedi gneud peth mor hurt. Fel y gwnes i 'sbonio yn fy nodyn i ti, mi aeth popeth yn drech na fi. Ro'n i angen rhyw dridiau i feddwl, ar ôl dychryn braidd 'mod i wedi colli nabod arna i fy hun dros y blynyddoedd.'

'Ond Delyth fach, mae tridia 'di mynd bron yn bythefnos, yn tydi? Ty'd adra, wir. Mi ddo' i i dy nôl di pnawn 'ma ... lle bynnag wyt ti. Mi gychwynna i rŵan hyn – mi geith tagio'r defaid aros tan fory. Jest deud wrtha i lle wyt ti.'

Roedd yn ormod o demtasiwn, bron, clywed llais Lloyd yn erfyn arna i i fynd adref, ond ysgwyd fy mhen wnes i cyn ei ateb.

'Sori, Lloyd, fedra i ddim dod adra heddiw. Mae'n rhaid i mi wneud rwbath gynta. Dwi'n addo dy ffonio at ganol yr wythnos, yn ddi-ffael. Nos Fercher. Fyddi di adra? Cofia fi at y plant. Dwi'n dy garu di, cofia.'

Rhwystrodd y lwmp poenus yn fy ngwddw fi rhag yngan yr un gair arall. Petawn i wedi agor fy ngheg, mi fuaswn wedi dechrau beichio crio, a newid fy meddwl.

8

Gollyngais y ffôn o'm llaw ar ôl ei ddiffodd a syllu arno am hir, fel petawn i'n disgwyl ei glywed yn fy ngheryddu. 'Be goblyn sy arnat ti, Delyth? Yr hurtan wirion i chdi, yn meddwl y medri di helpu'r ddau ifanc 'na. Be ydyn nhw i ti? Dim ond newydd gyfarfod Matt wyt ti, a dyma chdi, yn rhyw angel gwarcheidiol. Sbia sut wnest ti siarad efo Lloyd gynna, yn rêl drama cwîn. Mi fydd o'n meddwl dy fod ti wedi colli arnat dy hun, ac yn poeni mwy byth rŵan. Sut fedri di fod mor hunanol, yn meddwl am neb ond chdi dy hun? Ma' Lloyd yn dy nabod fel cefn ei law, a welodd o erioed mohonat ti'n bihafio fel hyn o'r blaen. Fuost ti erioed yn oriog fel Enfys, i fyny yn yr entrychion un diwrnod ac i lawr yn y gwaelodion y diwrnod wedyn. Rwyt ti wastad fel bwrdd snwcer, a phawb yn gallu dy ddarllen di fel llyfr ... well i chdi ei ffonio fo'n ôl.'

Ond fedrwn i ddim, rhag iddo drio 'mherswadio i newid fy meddwl. Fedrwn i ddim meddwl am adael Matt a Lisa ar eu pennau eu hunain heb drio gwneud rhywbeth i'w helpu – er nad oeddwn yn eu nabod o gwbwl, roedd greddf y fam ynddа i yn rhy gryf i hynny. Petawn yn egluro'r sefyllfa i Lloyd dwi'n gwybod mai dweud wrtha i am beidio busnesa a gadael iddyn nhw sortio'u problemau eu hunain fydda fo. Fuodd o erioed yn un am roi ei drwyn ym musnes neb arall. Ond peth bach iawn oedd mynd i weld bod Lisa yn iawn tra byddai Matt i ffwrdd ... dim ond picio am awr neu ddwy.

* * *

Cyrhaeddais yr oriel am naw o'r gloch y bore wedyn, yn gobeithio cael gair efo Matt cyn iddo adael, ond roedd cerdyn 'Ar gau' yn hongian yn y drws. Pwysais ar y gloch ddwywaith neu dair a chyn hir daeth Matt i sbecian drwy'r gwydr. Pan welodd mai fi oedd yno agorodd gil y drws i mi.

'Wrthi'n edrych dros y stoc ydw i, cyn i mi fynd i Fanceinion ar ôl cinio.'

Rhoddodd y llyfr nodiadau bach oedd yn ei law i lawr ar y bwrdd a chaeodd y drws ar fy ôl. Pan ddywedais wrtho fy mod yn fodlon mynd draw i'r chwarel i daro golwg ar Lisa rhoddodd ochenaid o ryddhad a gafael yn dynn yn fy llaw.

'O, diolch i chi. Fedra i ddim pwysleisio cymaint dwi'n poeni amdani. Mae hi mor anhapus, a does gen i na hitha neb arall i droi atyn nhw. Er 'mod i wedi gweithio yn yr oriel 'ma ers tro rŵan dwi ddim wedi gwneud ffrindiau da â neb, a dweud y gwir. Efallai mai fi sydd ar fai am gadw i mi fy hun – fu gen i fawr o ffrindiau agos erioed ... heblaw Lisa.'

'Be am rai o'ch cwsmeriaid, oes 'na un ohonyn nhw fedrai'ch helpu chi?'

'Does 'na ddim llawer o bobl leol yn troi i mewn yma. Ymwelwyr ydi'r rhan fwya ohonyn nhw, pobl hŷn ar dripiau bysys wedi dod i weld y castell sy'n prynu ambell lun, neu rai sy ar eu gwyliau ar y gamlas ac yn ffansïo troi eu dwylo at baentio'r golygfeydd maen nhw'n eu pasio. Nhw sy'n prynu'r papur a'r paent gan amlaf.'

'Yn union fel fi,' sibrydais dan fy ngwynt, ond parhaodd Matt heb fy nghlywed.

'Dwi ddim haws â gofyn i Dad am unrhyw help – mae o'n ffieiddio 'mod i wedi byw am gyfnod yn y chwarel. Rhyw giari-dyms yn byw ar y wlad ydi'r gymuned honno iddo fo, ac mae meddwl am ei unig fab yn canlyn un ohonyn nhw'n codi cyfog arno fo. Ond tydi hynny ddim yn wir bob amser, wyddoch chi – dydyn nhw ddim yn dibynnu am gymorth ariannol i fyw. Maen nhw'n barod i weithio, ac yn cynnal eu hunain ar chydig iawn. Cymerwch chi Arthur, tad Lisa – fo ydi pennaeth cymuned y chwarel. Ei ffordd o o redeg y lle ydi disgwyl i'r rhai all weithio wneud hynny yma ac acw, a chyflwyno'r arian i gyd iddo fo. Mae yntau wedyn yn prynu bwyd a nwyddau angenrheidiol ar eu cyfer, ac mae o'n disgwyl i'r merched weithio'n galed yn yr ardd i dyfu llysiau i'r gegin gymunedol hefyd. Mae'n siŵr fod y syniad yn un da iawn yn y bôn, os ydach chi'n dymuno byw yn syml felly, heb bethau materol. Ond dyn annifyr ydi o, ac mae gan ambell un sy wedi setlo yno ei ofn o, mi wn i hynny'n iawn. Mae rhai, fesul tipyn, wedi gadael dros y blynyddoedd, fel y dalltais i, oherwydd eu bod nhw'n methu dygymod ag Arthur – mae o'n fwli ac am i bawb wneud yn union fel mae o'n mynnu. Dwi wedi clywed y byddai un neu ddau sy'n byw yno rŵan yn lecio symud o'no hefyd, ond mae gan Arthur ryw afael arnyn nhw. Dwn i ddim be yn iawn, chwaith. Wnaeth o ddim maddau i mi am symud allan, ac mae o'n benderfynol na chaiff Lisa ddod ata i.'

'Ond pam nad ewch chi at yr heddlu?'

'Waeth i ni heb. Tydi o ddim yn ei chadw yn gaeth yn gorfforol, dim ond bygwth y byddai'n gwneud rhywbeth iddo fo'i hun petai hi'n ei adael, neu fygwth fy niweidio i taswn i'n cael fy nal o gwmpas y chwarel. Mae o'n ofalus iawn i beidio â gwneud dim yn groes i'r gyfraith – mae o'n rhy gyfrwys i hynny. Ond mae 'na ryw ddialedd brwnt yn 'i natur o, a fedra i mo'i drystio fo.'

Dechreuais amau a oeddwn i wedi gwneud y peth iawn yn addo mynd i daro golwg ar ei gariad – wedi'r cwbwl, doedd gen i ddim syniad, hyd yn oed, oedd hi'n bosib i mi fynd yn agos ati hi heb dynnu sylw ei thad. Fues i erioed yn y fath sefyllfa o'r blaen, ac nid fy mhroblem i oedd hi. Ond o weld Matt yn edrych mor ddiniwed roedd rhyw reddf famol yn fy nghymell i helpu'r ddau, yn union fel y buaswn i wedi eu hamddiffyn fel llewes petai Llinos neu Huw, neu Enfys, yn cael eu cam-drin. Yn llawn o hyder newydd, gofynnais i Matt am gyfarwyddiadau sut i gyrraedd y chwarel, a phan addewais iddo y buaswn yn mynd am dro heibio'r chwarel er mwyn ceisio cael cip ar Lisa tra byddai o i ffwrdd, llaciodd y tensiwn yn ei wyneb.

Ro'n i'n falch 'mod i wedi addo ei helpu, a mynd i'r chwarel. Byddwn yn esgus mai wedi colli fy ffordd oeddwn i pe byddai rhai o'r gwersyllwyr yn dod ar fy nhraws, gan obeithio na welwn dad Lisa. Ond ar ôl i mi adael yr oriel a chamu i gynhesrwydd y caffi am damaid o frecwast, dechreuais amau a oeddwn wedi gwneud y peth iawn yn rhoi fy ngair i Matt. Ro'n i'n dal i boeni pan ososdd y weinyddes y bwyd ar y bwrdd o 'mlaen a dechrau sgwrsio'n glên. Codais fy mhen i ddiolch iddi, a phan welais ei gwên ddiffuant dechreuais ddifaru 'mod i wedi ymddwyn mor ffwr-bwt â hi y troeon o'r blaen.

'Ydw, dwi'n dal yma,' eglurais, 'ond mi fydda i'n gadael y penwythnos nesa.' Pan ddaliodd ati i fy holi dywedais wrthi mai ar gwch yng ngwaelod gardd bwthyn Kingfisher ro'n i'n aros.

'Dwi'n gobeithio'ch bod chi wedi mwynhau'ch gwyliau – mae *rest* fach yn gwneud lles i ni weithiau, yn tydi? Glan y môr dwi'n hoffi fwya, 'chi, yn enwedig os oes 'na ddigon o sbri i'w gael gyda'r nosau. Dach chi 'di bod yn Blackpool erioed?'

Ysgydwais fy mhen, a phenderfynu gofyn iddi oedd hi'n nabod rhai o'r gymuned oedd yn byw yn y chwarel, rhag ofn y byddai ganddi wybodaeth ddefnyddiol.

'Yr hipis? Dim felly. Mi fydda i'n gweld rhai ohonyn nhw yn y siop bwydydd cyflawn weithia, ond fydd 'run ohonyn nhw'n loetran llawer nac yn dod i fewn i fama i wario. Ond maen nhw'n ymddangos yn ocê, yn reit barod i wenu, cofiwch. Dwn i ddim fedrwn i fyw fel'na chwaith, mewn carafán, yn gwisgo dillad ail-law, a'u gwalltia wedi'u lliwio yn bob lliw dan haul. Be sy ar 'u penna nhw, d'wch?'

'Ella eu bod nhwtha'n ein gweld ni'n od ac yn wahanol, yn byw bywydau diflas, a bod yn well ganddyn nhw'u rhyddid i wneud a gwisgo fel lecian nhw.'

'Ia, falle. Maen nhw'n sôn mai hen ddiawl cas ydi'r dyn sy'n rhedeg y lle a bod bob un ohonyn nhw ei ofn o. Dim ond unwaith neu ddwy dwi wedi cael cip arno fo – fydd o byth yn dod draw i'r dre rŵan ar ôl i Lisa stopio gweithio yma. Mi fydda fo'n sefyll y tu allan i aros iddi orffen, er mwyn mynd â hi yn syth adra i'r chwarel. Roedd eu gwylio nhw'n mynd yn reit ddoniol, mewn ffordd – fo yn llabwst mawr moel yn brasgamu'n herciog i lawr y ffordd a hitha, y beth fach, yn trotian y tu ôl iddo fo. Fyswn i ddim yn lecio'i dynnu o i 'mhen, wir!'

Llamodd fy nghalon pan glywais fod Lisa wedi bod yn gweithio yn y caffi.

'Oeddach chi'n nabod Lisa felly? Yn ffrindia efo hi?'

'Wel, dim yn dda iawn. Fuodd hi ddim yma'n hir a chadw iddi'i hun fyddai hi gan amlaf. Peth fach ddigon disylw oedd hi hefyd, yn llwydaidd iawn a'i gwallt coch bob amser yn blethen i lawr ei chefn. Fyswn i ddim yn ei galw hi'n hipi chwaith – doedd hi ddim yn edrych fel y gweddill sydd â llathenni o fwclis a ffidliarings o gwmpas eu gyddfau, a doedd ganddi ddim tyllau yn ei chlustiau, heb sôn am yn nunlle arall! Ond mi oedd hi'n gwisgo'n reit od, mewn rhyw ddillad tywyll, llaes, 'fatha'i bod hi'n galaru am rywun, neu'n trio peidio tynnu sylw ati'i hun. Dwn i ddim be ddigwyddodd iddi adael y lle 'ma mor sydyn chwaith, heb roi rhybudd i neb. Un diwrnod mi oedd hi yma yn gweini, a'r funud nesa mi oedd hi wedi mynd.'

Er fy mod yn falch pan ddaeth cwpwl o gerddwyr i mewn i'r caffi i roi taw ar ei pharablu, ro'n i'n ddiolchgar iddi am roi darlun o Lisa i mi – byddai'n haws i mi ei hadnabod pe gwelwn i hi. Pan godais i fynd at y cownter i dalu edrychais i lawr arnaf fy hun yn fy jîns glas a'm siwmper wen, ac ystyried mor wahanol i'r hipis oeddwn i o ran pryd a gwedd, mor barchus. A fyddai aelodau'r gymuned yn stopio i siarad efo rhywun fel fi?

Roedd fy meddwl ar chwâl. Fedrwn i ddim cerdded i'r chwarel heb fod gen i gynllun, na fedrwn? Ar ôl i mi roi fy ngair i Matt byddai'n rhaid i mi gadw at fy addewid, un ffordd neu'r llall. Cerddais at y fainc ger yr eglwys ac eistedd arni i feddwl. Y peth cyntaf fyddai raid i mi ei wneud oedd chwilio am ddillad gwahanol i'r rhai ro'n i'n eu gwisgo. Cofiais sut y disgrifiodd y ferch yn y caffi yr hipis a'u 'gwalltiau o bob lliw dan haul'. Wnes i erioed ystyried o ddifri lliwio fy ngwallt – a dweud y gwir, wnes i erioed dreulio llawer o amser mewn siopau trin gwallt gan fod

Mam yn arfer twtio f'un i bob hyn a hyn pan fyddai angen. Doedd dim rheswm i Lloyd beidio â gwneud yr un peth ar ôl i ni briodi, gan mai rhyw steil-dim-byd fu gen i erioed, yn syth at fy sgwyddau fel ei fod yn ddigon hawdd i'w glymu'n ôl allan o'r ffordd. Ond clywn lais Mam yn fy mhen: 'os wyt ti am wneud rhywbeth, ei wneud o'n iawn' – dyna ddywedai hi, a dyna fyddai'n rhaid i mi ei wneud er mwyn cadw f'addewid i Matt.

Codais cyn i mi newid fy meddwl, ac anelu am y siop elusen. Camais heibio i'r amrywiol drugareddau at y rêls dillad a thurio drwyddynt fesul un nes i mi ddod o hyd i sgert ddu laes a siwmper goch, ac er bod y siwmper yn drewi o sent rhad gafaelais ynddi cyn chwilio am gôt gynnes. Doedd dim llawer o ddewis, ond gwelais un wyrdd tywyll a botymau pres milwrol yr olwg arni yn hongian ymysg y dillad dynion. Cydiais mewn hanner dwsin o fwclis oedd yn cael eu harddangos wrth y til a rhoi'r rheiny ar y cownter efo'r dillad. Edrychodd dynes y siop yn amheus arna i braidd wrth i mi dalu am y cwbwl, ac eglurais wrthi fy mod yn mynd i barti gwisg ffansi cyn iddi ofyn un o'r cwestiynau oedd mor amlwg ar flaen ei thafod.

Ar ôl mynd allan wnes i ddim petruso cyn troi am y siop trin gwallt, agor y drws a cherdded i mewn. Cododd merch oedd wrthi'n sychu gwallt cwsmer ei phen i wenu arna i, gan amneidio i mi eistedd ar gadair gyfforddus wrth fwrdd isel ger y dderbynfa.

'Fydda i ddim pum munud.'

Ufuddheais iddi, a rhoi'r bag oedd yn dal y dillad ar lawr wrth fy nhraed cyn dechrau bodio drwy'r cylchgronau oedd yn bentwr taclus o 'mlaen. Roeddwn wedi fy llesmeirio wrth droi'r tudalennau – welais i erioed o'r blaen gymaint o steiliau gwallt o bob lliw a llun. Doeddwn i erioed wedi gafael mewn cylchgrawn gwallt o'r blaen, petai'n dod i hynny. Codais fy llaw i redeg fy mysedd drwy'r gynffon hir oedd yn gorwedd yn llipa ar fy ngwegil.

Cyn i mi gael siawns i newid fy meddwl a cherdded allan daeth yr eneth yn ôl ata i a gofyn sut allai hi fy helpu. Dwn i ddim o ble daeth fy ateb.

'Fedrwch chi dorri chydig ar yr hyd? Ac mi fyswn i'n lecio rhoi lliw ynddo fo hefyd,' ychwanegais yn rhyfeddol o bendant.

Gosododd y ferch fi i eistedd o flaen drych mawr a daeth â cherdyn gyda thameidiau bychain o wallt o bob lliw arno, i mi gael edrych drostynt.

'Dyma chi – pa liw fysach chi'n lecio? *Semi* ydi'r rhain felly fydd dim angen *patch test* arnoch chi.'

Roedd pob lliw ar y cerdyn: o felyn golau i frown a du, yn ogystal â choch, glas a gwyrdd. Daliwyd fy llygad gan un lliw ar y gwaelod.

'Hwn! Hwn fyswn i'n lecio.'

'*Whole head*?' gofynnodd.

'Ia,' atebais yn hyderus.

Edrychodd y ferch arna i'n syn, gan lygadu pob modfedd ohona i, yn fud am funud. Ond pan sylweddolodd nad oeddwn am ailddewis, gosododd fi i eistedd ar un o'r cadeiriau mawr o flaen drych. Daliais hi'n taflu ambell gip amheus arna i, a cheisiais innau wenu'n gadarnhaol yn ôl arni yn y drych. Gafaelodd yn ei siswrn, daeth y gynffon i ffwrdd yn ei llaw, ac yna dechreuodd dorri. Wrth weld y cudynnau gwallt yn disgyn fesul un oddi ar fy ysgwyddau aeth ias fechan drwydda i. Gwyddwn ei bod yn rhy hwyr i mi newid fy meddwl.

Ymhen dim roedd yr eneth yn cymysgu past mewn dysgl fechan ac yn anelu cwestiynau ata i bob yn ail â pheidio.

'Dwi ddim wedi'ch gweld chi yma o'r blaen, naddo? Newydd symud yma dach chi?' Wnes i ddim ateb. 'Ydach chi am gael mynd i rywle neis heno 'ma 'ta, ar ôl cael *transformation*?' gofynnodd wedyn wrth lygadu y bag llawn wrth fy nhraed.

Cymerais arnaf nad oeddwn yn ei chlywed, gan wneud dim ond gwenu'n ôl arni tra oedd hi'n plastro fy ngwallt efo'r hylif tew. Ar ôl gorffen lapiodd fy mhen mewn cling-ffilm nes ei fod yn edrych yn union fel talp o gig yn barod am yr oergell, a chododd gloc bychan oddi ar y silff er mwyn troi ei larwm ymlaen. Tarodd gylchgrawn arall ar fy nglin. Mae'n rhaid fy mod wedi eistedd yno am ugain munud dda, yn syllu'n ddall ar y cylchgrawn ac yn gwrando ...

'Lle ti'n mynd heno 'ma 'ta?'

'Nunlla ... mae O'n mynd allan efo'i ffrindia.'

'W, ma' *Corrie* on heno 'ma. Dwi'n edrach 'mlaen i weld be ddigwyddodd i'r hogan fach 'na, cofia.'

Wrth wrando ar y sgyrsiau hwyliog yn cael eu taflu o un pen y salon i'r llall dros bennau'r cwsmeriaid ceisiais edrych ar y tudalennau o'm blaen, ond welwn i ddim. Be o'n i'n wneud? Sut fedrwn i fynd adra i wynebu pawb? Feiddiwn i ddim dangos fy wyneb y tu allan i'r tŷ, heb sôn am fynd i'r capel! Be ddwedai'r ychydig aelodau oedd wedi ymbil arna i i dderbyn eu cynnig i fy nghodi'n flaenor? Fedrwn i byth godi 'mhen yn yr ardal yn gwybod bod pobl yn siarad tu ôl i fy nghefn, ac mi fyddai Lloyd druan yn destun sbort. Llosgodd fy llygaid wrth i'm hyder newydd grebachu'n ddim, a dechreuodd un deigryn ar ôl y llall bowlio i lawr fy mochau.

Neidiais pan ganodd y larwm. Dychwelodd yr eneth i sefyll y tu ôl i mi, a phan sylwodd ar y dagrau rhoddodd hances bapur yn fy llaw cyn dechrau dadbacio'r tyrban plastig a byseddu un neu ddau o'r cudynnau gwallt.

'O,' meddai'n dyner, 'yr hen gemegau 'na sy'n 'ffeithio ar eich ll'gada chi. Ylwch, mae'n amser rinsio rŵan – dowch draw at y sinc am siampŵ ac mi fyddwch chi'n OK wedyn.'

Arweiniodd fi fel petawn yn ddall i gefn y salon, a'm rhoi i eistedd â'm cefn at y sinc. Rhoddodd ei llaw ar fy nhalcen i arwain fy mhen yn ôl nes y teimlais y porslen yn oer ar fy ngwar, a dechrau golchi ac ailolchi fy ngwallt. Roedd ei bysedd yn tylino'n fedrus gan lwyddo i lacio rhai o'r cyhyrau tyn.

'Well rŵan?' gofynnodd. 'Mae o wedi cymryd yn lyfli. Mi fyddwch wrth eich bodd efo fo, dwi'n siŵr ... dewch efo fi rŵan i mi gael 'i sychu o.'

Lapiodd y tywel fel tyrban am fy mhen, a theimlwn fod pawb yn y siop yn edrych arna i wrth i mi wibio'n ôl i'r gadair o flaen y drych a gwasgu fy nghorff cyn ised ag oedd modd ynddi, o olwg pawb. Rhwbiodd yr eneth fy mhen gyda'r tywel ac edrychais ar fy adlewyrchiad yn y drych. Oedd, roedd fy ngwallt yn binc. Yr un pinc â'r cudyn ar y cerdyn lliwiau. Pinc fel ... fel ... wel, waeth i mi gyfaddef ddim, roedd y blew gwyn yr un pinc â chandi-fflos y ffair a'r gweddill rywfaint yn llai llachar. Sylwodd yr eneth yn syth 'mod i wedi cael sioc, a cheisiodd fy nghysuro.

'Mae o'n eich siwtio chi, ydi wir ... ond mi fydd wedi ffêdio ymhen ryw chwe wsnos. Arhoswch i mi ei steilio fo rŵan.'

Chwe wythnos! Be wnawn i am y chwe wythnos nesa? Chwilio am het neu sgarff i'w lapio am fy mhen, debyca. Dechreuodd fy llygaid losgi drachefn wrth i mi chwilio am fy mhwrs i dalu. Dwn i ddim ai llosgi o gywilydd oeddan nhw, ynteu o ganlyniad i'r sioc ges i pan ofynnodd y ferch i mi am ddeugain punt. Deugain punt! Roedd hynny'n fwy na digon i lenwi'r Volvo efo digon o danwydd i bara am dros fis. Ceisiais gofio faint gododd Jac How am gneifio'r defaid yr haf diwethaf.

Ar ôl gwastraffu fy arian ar weithred mor dwp dychwelais yn syth i'r cwch. Dim ond gobeithio y byddai Matt a Lisa, beth bynnag a feddyliai neb arall, yn gweld gwerth yn fy aberth. Edrychais ar y bag plastig roeddwn wedi'i luchio ar y bwrdd. Doedd waeth i mi orffen gwneud ffŵl ohonof fy hun, meddyliais, a thynnais fy jîns a'r siwmper wen oddi amdanaf a gwisgo'r dillad ro'n i wedi eu prynu yn y siop elusen. Yn gyndyn braidd, mentrais edrych arnaf fy hun yn y drych. Fedrwn i ddim credu'r hyn a welwn. Roedd yr hen Ddelyth wedi diflannu a rhywun hollol ddieithr yn syllu'n ôl arna i. Rhoddais y mwclis o amgylch fy ngwddf a gwthio fy nwylo drwy freichiau'r gôt fawr. Cerddais yn ôl ac ymlaen, yn synnu 'mod i'n teimlo mor gyfforddus heb y jîns yn gwasgu fy mol a 'nghoesau. Rhyddid llwyr. Pan godais fy mhen i ailedrych ar fy adlewyrchiad yn y drych sylwais nad oedd y gwallt pinc yn edrych yn rhy ddrwg chwaith. Ai hon oedd y Delyth go iawn? Y Delyth fu'n cuddio y tu ôl i'w chwaer a'i gŵr a'i phlant a'i dyletswyddau? Ai fel hyn y byswn i'n edrych petai Mary wedi fy nghadw a'm magu yng nghanol artistiaid eraill?

Dechreuais feddwl am fy mam waed unwaith yn rhagor a cheisio dychmygu sut roedd hi'n edrych a beth roedd hi'n ei wisgo. Oeddwn i'n debyg iddi, o gofio 'mod i'n bendant wedi etifeddu ei chariad at gelfyddyd?

Wnaeth hi fy ngwasgu yn ei chôl ar ôl fy ngeni a theimlo cariad angerddol?

Wnaeth hi edrych yn ddwfn i fy llygaid a gweld ei chysgod ei hun ynddyn nhw?

Oedd hi'n dal i gofio sut ro'n i'n ogleuo, yn yr oriau cyntaf rheiny? Roedd y gymysgedd o arogl llaeth a phowdwr babi ar Huw a Llinos ers talwm wedi ei sugno mor ddwfn i mewn i mi nes y byddai'n rhan ohonof am byth bythoedd.

Efallai ei bod wedi cael y profiadau hyn i gyd ond bod hynny ddim yn ddigon ganddi, a'i bod yn fodlon eu haberthu er mwyn dilyn ei breuddwydion.

9

Bûm yn troi a throsi a phwyso a mesur yn fy ngwely y noson honno. Doeddwn i'n dal ddim yn sicr fod gen i ddigon o blwc i gyflawni'r addewid wnes i i Matt, a mentro draw i'r chwarel i chwilio am Lisa. O'r diwedd, cyn cysgu, penderfynais y byddwn yn mynd am dro bach y prynhawn wedyn – dim ond yn ddigon agos at y chwarel i weld pwy welwn i o gwmpas y lle, cyn mentro yno atyn nhw i fynnu gair â Lisa. Efallai y cawn gipolwg arni o bell, hyd yn oed.

Pan gyrhaeddais y ffordd gul, lychlyd oedd yn arwain i lawr i'r chwarel roedd y coed cyll a dyfai bob ochr i'r cloddiau yn fy ngwarchod rhag y gwynt main a dynnai ar hyd y llwybr towio agored, felly troais goler fawr fy nghôt i lawr a thynnu fy nghap a'i roi yn fy mhoced. Gwthiais fy mysedd drwy fy ngwallt – doedd dim siawns y byddai neb o gwmpas yn fy adnabod i gael sioc wrth weld fy nelwedd newydd.

Roedd yr ychydig fwyar hwyr yn sgleinio fel gemau ar y mieri wrth iddynt ddal pelydrau'r haul isel, ac roedd y rhai ro'n i wedi'u casglu bron â chuddio gwaelod fy masged. Ar ôl i mi benderfynu y byddwn yn mentro mynd i'r chwarel, roedd yn rhaid i mi feddwl am esgus parod pe digwyddai unrhyw un o gymuned y chwarel holi am fy mherwyl. Gwelais fasged fach wellt yn hongian yn y cwch ac ar ôl rhoi dalen o bapur newydd ar ei gwaelod, ro'n i'n barod i fynd. Er bod y tymor casglu mwyar bron â dirwyn i ben llwyddais i gasglu digon ohonynt i gefnogi fy stori. Welais i neb ar y gamlas – roedd llai a llai o gychod yn symud heibio bob dydd wrth i'r gaeaf nesáu – ac er fy mod yn nerfus iawn wrth gerdded yn nes at y chwarel roeddwn yn mwynhau'r teimlad o ryddid a brofwn wrth i'r gwynt chwipio'r sgert laes o gwmpas fy fferau.

Cofiais fod tafarnwr y Jolly Boatman wedi dweud mai o'r chwarel yr oeddwn yn mynd iddi y cloddiwyd y cerrig i godi'r bont. Dwn i ddim oedd o'n dweud y gwir ynteu trio fy nychryn i oedd o, ond llwyddodd i godi arswyd arna i wrth sôn am y dynion oedd wedi eu lladd wrth ei chodi, a bod eu hysbrydion yn crwydro'r gamlas ar ambell noson dywyll hyd heddiw. Ro'n i'n breuddwydio cymaint fel na wnes i sylwi bod y chwarel wedi dod i'r golwg wrth i mi rowndio'r tro yn y ffordd. Arhosais yn fy unfan am ennyd cyn ceisio symud yn ôl i gysgod y clawdd, ond roedd fy nwy droed wedi eu hoelio i'r ddaear ac yn gwrthod symud. Y syniad cyntaf ddaeth i 'mhen oedd ei gwadnu hi'n ôl am y cwch, ond ar y llaw arall roeddwn yn ysu i gael un olwg fach sydyn ar y chwarel. Wedi'r cwbwl, ro'n i wedi addo i Matt y byddwn yn cadw llygad ar Lisa – sut fedrwn i wneud hynny wrth gachgïo a throi ar fy sawdl? Doedd dim i 'mygwth i yno. Er bod Matt a'r weinyddes yn y caffi wedi dweud mai dyn cas oedd tad Lisa, fyddai ganddo ddim rheswm yn y byd i fod felly efo fi, dieithryn oedd, yn ôl pob golwg, wedi mynd ar goll. Fedrwn i ddim perswadio fy hun i symud cam ymlaen, ond roedd rhywbeth yn fy rhwystro rhag troi yn ôl.

Ar ôl anadlu'n ddwfn am funud neu ddau sylwais ar hen giât bren yn y clawdd oedd wedi'i chuddio bron yn gyfan gwbwl gan dyfiant. Roedd yn arwain i gae oedd yn codi yn raddol i ben bryncyn bychan. Gwthiais fy hun drwy'r gwellt uchel a'r rhedyn tuag ati, a rhegais y fiaren oedd wedi cydio yng ngodre fy sgert cyn rhoi plwc iddi yn rhydd. Rhoddais fy nwylo arni – roedd y pren garw wedi dechrau pydru a'r cen llwyd i'w ddeimlo'n gras o dan fy nwylo. Edrychais i fyny'r cae a gwelais glwstwr o binwydd yn tyfu ar ochr y bryncyn i gyfeiriad y chwarel. Gallwn guddio yno. Dringais yn ofalus dros y giât a dilyn y llwybr defaid cyn gynted ag y gallai fy nhraed wthio drwy'r marchwellt trwchus, gan ofalu edrych o 'nghwmpas rhag ofn bod rhywun yno yn gweithio. Ond doedd fawr o arwydd bod neb wedi trin y cae ers hydoedd, na bod yr un anifail wedi bod yn pori ynddo. Roeddwn yn falch fy mod wedi prynu côt werdd oedd yn toddi i'r amgylchedd, a rhoddais fy nghap yn ôl am fy mhen i guddio'r pinc llachar.

Erbyn i mi ddringo'r llechwedd a chyrraedd y coed, gwelais fy mod uwchben y chwarel ac yn gallu edrych i lawr ar y rhan fwyaf ohoni. Rhoddais fy masged i lawr ar y nodwyddau sych oedd yn drwch o dan fy nhraed a gwyrais ar fy nghwrcwd y tu ôl i'r goeden braffaf i gael fy ngwynt ataf. Beth petai rhywun wedi fy ngweld? O weld dynes ganol oed efo gwallt pinc yn cuddio y tu ôl i goeden mewn lle mor unig, byddai unrhyw un yn siŵr o feddwl 'mod i wedi colli arnaf fy hun. Gallwn ddychmygu'r olwg ar wyneb Lloyd pe gwelai fi.

Trwy'r coed cyll ac ambell docyn eithin ar yr allt rhyngdda i a'r chwarel, gallwn weld hen garafán fawr werdd a dwy neu dair o rai llai a golwg digon truenus arnyn nhw. Roedd pabell fawr yn y cylch agored yn y canol a boncyffion solet a hen soffa o gwmpas lle tân oedd wedi ei amgylchynu â cherrig gweddol fawr. Yma ac acw ar odre'r chwarel safai dau neu dri o gytiau bychain wedi eu codi o gerrig – mae'n debyg mai ynddyn nhw y cedwid y powdwr du yn sych pan oedd y chwarel yn gweithio ers talwm. Ro'n i'n ddigon agos i weld plant bach yn rhedeg o gwmpas, a chlywed sŵn eu chwarae yn gymysg â chyfarth cyffrous y cŵn yn eu mysg. Cerddai ambell oedolyn yn hamddenol o un lle i'r llall ac ymhen sbel eisteddodd dau ohonynt ar un o'r boncyffion. Roedd popeth i'w weld yn heddychlon a chyfeillgar iawn. Yna, cododd un o'r dynion ei ben i syllu i fyny i'r awyr, a chipiais fy mhen yn sydyn y tu ôl i'r goeden. Ro'n i'n sicr ei fod wedi synhwyro fod rhywun yn ysbïo arnyn nhw. Daliais fy ngwynt ac arhosais yn llonydd, heb symud na llaw na throed nes yr o'n i'n siŵr nad oedd neb wedi cychwyn i fyny'r bryn tuag ataf, cyn mentro cipolwg sydyn heibio i'r goeden. Ond doedd dim wedi newid heblaw bod tân bellach wedi ei gynnau yn y cylch cerrig a'r mwg yn dringo'n llinyn main i'r awyr drwy'r tawch llwydaidd. Welais i ddim golwg o eneth bengoch, a chan ei bod yn dechrau nosi penderfynais nad oedd gennyf siawns o'i gweld y noson honno. Byddai'n well i mi fynd yn ôl i'r cwch a rhoi ymgais arall arni yn y bore.

Er bod fy nghorff wedi oeri a phob cymal wedi cyffio ac yn cwyno wrth i mi eu hymestyn i godi, gallwn deimlo curiadau fy nghalon yn pwnio yn erbyn fy asennau. Roedd fy nghôt yn teimlo'n llaith, a cherddais cyn gynted ag y medrwn drwy'r marchwellt i lawr y bryn a thros y giât yn y clawdd nes cyrraedd y lôn. Drwy lwc, roedd honno'n hawdd ei dilyn gan fod ei hwyneb tywodlyd yn dal yn olau yn y llwydnos.

Ro'n i mor falch o gyrraedd y *Ladi Wen* yn saff cyn iddi dywyllu'n gyfan gwbwl, a chwalodd teimlad o gysur drosta i wrth ei gweld yn siglo'n dawel yng ngwaelod yr ardd.

Cyn mynd i mewn i'r cwch agorais ddrws y cwt er mwyn llenwi pwced gyda glo a rhywfaint o goed sychion. Ar ôl tynnu fy nghôt a 'nghap gosodais ychydig o'r coed ar ben y papur yn y stof fechan a rhoi matsien ynddynt. Ymhen dim roedd y fflamau'n tynnu i fyny'r simnai, yn barod i mi ychwanegu'r glo. Syllais ar y tân yn cydio am rai munudau, yn sipian fy mhaned ac ystyried yr hyn ro'n i wedi'i wneud yn y dyddiau diwethaf. Bythefnos yn ôl roeddwn adref ym Mhenbryniau yn edrych ar ôl y tŷ a pharatoi prydau di-baid i Lloyd a Huw, heb ddychmygu y gallwn i fynd i ffwrdd ar fy mhen fy hun i le hollol ddieithr, heb sôn am dreulio fy amser yn arlunio a phaentio, cerdded a hamddena, mynd i dafarn ar fy mhen fy hun ... a lliwio fy ngwallt yn binc. Pinc! Yn fy myd go iawn, go brin y byddwn wedi bod mor feiddgar â chroesawu hogyn dieithr i'r tŷ, fel y gwnes i efo Matt ar y cwch, chwaith. Mi fyddai Lloyd – ac Enfys yn enwedig – wedi fy mherswadio i fynd at y doctor petaen nhw wedi bod yn dyst i'r fath ymddygiad. *Nervous breakdown*, dyna fyddai yng nghefn meddwl y ddau, yn sicr.

Ond mewn gwirionedd, doeddwn i erioed wedi teimlo mor fyw.

Estynnais y llyfr braslunio a'r siarcol, a dechreuodd fy

mysedd ddawnsio eto uwchben y papur. Wrth ymlacio i'r gwaith, sylweddolais 'mod i'n tynnu llun o'r chwarel â'i charafannau a'r babell, a ffigyrau bychain coesau matsys yn symud o'u cwmpas. Tybed oedd rhyw arwyddocâd i hyn? Efallai fy mod yn gwybod yn fy nghalon nad oedd gen i ddewis ond dychwelyd yno y diwrnod wedyn – ond y tro hwn, tybed a fedrwn i fagu digon o hyder i gerdded yno heb betruso, i chwilio am Lisa?

* * *

Chysgais i fawr ddim y noson honno.

Oedd Matt yn orbryderus ynghylch Lisa? Yn ôl yr hyn a welais y pnawn hwnnw, doedd dim i awgrymu bod neb yn cael eu gorfodi i aros yn y gwersyll, na bod Lisa mewn perygl.

Oedd disgrifiad y weinyddes yn y caffi o dad Lisa yn agos i'w le?

Ai ffrae rhwng Lisa a'i thad glywais i ar y llwybr towio y noswaith honno, neu rywun arall?

Fyddai Lisa am i mi ymyrryd – ac a oedd gen i hawl i ymyrryd, petai'n dod i hynny?

Oeddwn i'n ddigon dewr i fynd i ffeindio Lisa?

Ar ôl troi a throsi am oriau penderfynais nad oedd gen i ddewis. Fedrwn i byth fynd yn ôl adref efo cydwybod poenus. Sut allwn i fynd yn ôl i fyw fy mywyd bach saff ym Mhenbryniau ac euogrwydd yn gwmwl du, trwm yn hongian uwch fy mhen?

Doedd gen i ddim llawer o stumog at frecwast, a dim ond llyncu hanner cwpanaid o de wnes i cyn rhoi fy sgarff a'm menig mewn bag heicio y deuthum o hyd iddo o dan y gwely. Agorais fy mhwrs a throsglwyddo'r rhan fwyaf o'm harian i un o bocedi'r bag, efo fy ffôn. Ar ôl gwisgo fy nghôt a'm sgidiau tynnais ddrws y cwch ar fy ôl a'i gloi, a rhoi'r goriad yn fy mhoced. Ro'n i am gyflawni'r un weithred hon i helpu Matt cyn mynd adref, petai dim ond i brofi 'mod i'n gallu gwneud hynny. Nid i brofi 'mod i'n ddewr, ond er mwyn gallu gwneud rhywbeth y byddwn i'n disgwyl i rywun arall ei wneud i fy mhlant i tasan nhw mewn angen. A dweud y gwir, roedd fy nhu mewn yn crynu fel deilen wrth i mi gamu gyda glan y gamlas. Wyddwn i ddim beth i'w ddisgwyl – a fyddai'r stori am fynd ar goll yn dal dŵr petai rhywun yn gofyn i mi pam ro'n i yno?

Daeth y chwarel i'r golwg rownd y tro, a'r tro hwn cerddais yn fy mlaen gan geisio cuddio'r ofn oedd yn siŵr o fod yn amlwg ar fy wyneb.

Wrth i mi nesáu rhedodd dau gi swnllyd i 'nghyfarch, ond wnes i ddim arafu. Ro'n i wedi arfer digon efo cŵn Penbryniau i adnabod cyfarthiad diniwed pan glywn un, a gwyddwn nad oedd yr un o'r rhain yn fy mygwth o ddifri. Doedd y ddau fwngrel tenau yn ddim patsh ar gŵn defaid graenus Penbryniau chwaith.

Gwelais wyneb bychan budr yn pipian rownd cornel y babell fawr, a gwenais. Daeth geneth fach eiddil i'r golwg yn swil ac amneidiais arni i ddod ata i, ond troi ei chefn a rhedeg i ffwrdd wnaeth hi. O fewn ychydig eiliadau daeth yn ei hôl, yn gafael yn llaw dynes tua thrigain oed, ei gwallt brith yn blethi hirion i lawr ei chefn. Gwenodd y ddynes yn groesawgar arna i.

'Croeso. Alla i'ch helpu chi?' gofynnodd.

Ro'n i wedi bod yn ymarfer fy stori am fod ar goll drosodd a throsodd yn fy mhen ar hyd y daith yno, ond methais yn lân â chael y geiriau allan o 'ngheg a finna wyneb yn wyneb â'r ddynes hon. Pan siaradais o'r diwedd roedd fy llais yn wichlyd a chryg, yn union fel llais Huw druan pan oedd ar dorri flynyddoedd yn ôl.

'Chwilio am le i aros heno ydw i ac mi glywais amdanoch chi, ac y byddai yma le i mi ... efallai?' ychwanegais yn gwrtais.

Pam yn y byd ddywedais i hynny? Be oedd ar fy mhen i'n ystyried y fath beth? Teimlais chwys oer yn pigo fy nghroen, ond allwn i ddim troi ar fy sawdl a finna wedi mentro mor bell.

Edrychodd y ddynes arna i, a thros fy ngwisg a'r bag ro'n i'n ei gario ar fy nghefn. Tynnais fy nghap a hoeliodd ei llygaid ar y gwallt pinc am eiliad neu ddwy.

'Fedra i ddim rhoi ateb i chi ar hyn o bryd, mae'n ddrwg gen i. Mae Arthur, ein penteulu, i ffwrdd a fydd o ddim yn ei ôl tan yn hwyr heno ... ond dwi'n siŵr na fydd ganddo wrthwynebiad i chi aros yma am noson, os nad oes gynnoch chi unlle arall i fynd.'

'Na, does gen i nunlle arall.' Cefais gymaint o ryddhad ei bod mor glên wnes i ddim newid fy stori. O leia byddai gen i fwy o gyfle i gael gair â Lisa petawn i yno'n hirach, ystyriais.

'Dewch,' meddai, 'dewch i ista i lawr. Rydw i wrthi'n berwi'r tegell – fysech chi'n hoffi paned?'

Arweiniodd fi at y babell fawr ac yno, mewn cornel y tu mewn i'r agoriad, roedd stof nwy fechan a thegell mawr du yn eistedd arni, eisoes yn chwythu ager yn swnllyd drwy'i big. Erbyn hyn roedd dau blentyn bach arall wedi ymuno â'r eneth fechan ac roedd y tri yn sbecian arna i drwy eu bysedd budron bob yn ail â chwerthin yn ddireidus.

'Cerwch o'ma, y cnafon! Ewch allan i chwarae – a deudwch wrth Goewin am ddod yma.'

Rhedodd y plantos nerth eu traed i gyfeiriad y garafán fawr gan droi'n ôl bob hyn a hyn i fy ngwylio. Toc daethant yn ôl, yn tynnu merch ifanc iawn gerfydd ei breichiau. Roedd hi tua'r un oed â Llinos, meddyliais, wrth ei gwylio'n ceisio codi'r plant a'u siglo fesul un nes yr oedd y pedwar yn chwerthin yn uchel. Doedd y lle yn ddim byd tebyg i'r carchar roedd Matt wedi ei ddisgrifio, ystyriais wrth wylio'r ddynes hŷn yn tywallt dŵr berwedig o'r tegell i'r tebot mawr pridd. Roedd golwg fodlon ar ei hwyneb crychog, er bod ei chefn yn edrych braidd yn gwmanllyd o dan y gôt wau oedd bron mor hir â'i sgert bygddu. Galwodd ar y ferch ifanc a throdd ataf.

'O, maddeuwch i mi – tydw i ddim wedi gofyn i chi be ydi'ch enw chi!'

'Delyth,' atebais.

'A Ceridwen ydw innau. Dyma Goewin.' Trodd Ceridwen at y ferch ieuengach. 'Ti'n meddwl y byddai gan Arthur unrhyw wrthwynebiad petai Delyth yn aros yma efo ni am heno? Does ganddi unlle arall i fynd ... nag oes, Delyth?'

Ysgydwais fy mhen i gytuno â hi a dwi'n siŵr i mi weld amheuaeth yn llygaid Goewin wrth iddi oedi am ennyd cyn ateb yn swta. Roedd dylanwad Arthur yn dod yn amlwg i mi erbyn hyn – doedd neb i'w weld eisiau cytuno i ddim heb ei ganiatâd.

'Na fydd, dwi'n siŵr. Fydd o ddim yn ei ôl cyn i ni glwydo, debyg.'

'Wel, dyna setlo hynny. Mi gaiff hi rannu efo Arianrhod a Gwenalarch.'

Gwelodd Ceridwen y syndod ar fy wyneb pan glywais enwau'r merched. Doeddwn i ddim wedi disgwyl cyfarfod neb yma dros y ffin gydag enwau mor Gymreigaidd a hen ffasiwn.

'Mae pawb sy'n penderfynu aros yma efo ni yn y Gymuned yn dechra byw o'r newydd,' eglurodd, 'ac mae Arthur yn dewis enwau newydd sbon i ni, fel y mae o wedi rhoi enw addas ar y chwarel 'ma: y Lloches. Mae ganddo fo ddwy amod os ydi rhywun am ymuno â ni – un ydi bod yn rhaid i bawb sy'n byw yn y Lloches fedru siarad Cymraeg. Dyna un rheswm pam ei fod o wedi dewis y chwarel hon fel cartref dros dro, dim ond jest dros y ffin, a'r amod arall ydi ein bod yn gorfod rhannu ein holl eiddo er budd y Gymuned i gyd,' eglurodd gan hoelio'i llygaid ar fy mag.

Gadawodd Goewin ni ac aeth yn ôl i gyfeiriad y garafán fwyaf. Mae'n rhaid bod Ceridwen wedi sylwi fy mod yn anesmwyth a cheisiodd dawelu fy nerfau.

'Ylwch,' meddai, 'peidiwch â phoeni … wnawn ni mo'ch bwyta chi, cofiwch, er bod bwyd yn brin yma weithiau,' chwarddodd. Rhoddodd fygiad o de yn fy llaw a'm gwahodd i eistedd wrth ei hymyl. 'Gadewch i mi roi ychydig o gefndir y Lloches i chi … ydach chi'n gwybod rhywfaint o'r hanes?' Pan amneidiais nad oeddwn i ddim, parhaodd â'i stori. 'Catherine oedd fy enw gwreiddiol i ond bedyddiodd Arthur fi'n Ceridwen ar ôl iddo weld fy mod i wedi cartrefu'n dda yma. Yng Nglyn Ceiriog y ces i fy magu ac mi fues i'n gweithio mewn cegin ysgol yn Llangollen cyn i mi orfod gadael i ofalu am fy rhieni oedrannus. Roeddan nhw wedi rhentu tŷ bach yma yn y Waun, yn agos at y siopau a'r cyfleusterau, ond ar ôl iddyn nhw farw mi gododd y landlord y rhent. Ro'n i'n ei chael hi'n anodd iawn byw ar fy mhensiwn bach, a phob diwrnod yn dod â phoen meddwl i mi.' Syllodd i lawr ar ei the ac ysgydwodd ei phen yn araf. 'Ro'n i'n unig iawn. Wyddwn i ddim lle i droi. Does gen i ddim teulu ar ôl, a gan fy mod wedi bod mor gaeth i'r tŷ am flynyddoedd lawer doedd gen i ddim ffrindiau chwaith. Pan o'n i yn y farchnad un diwrnod mi welais Gwenno, merch oedd yn gweithio yn y cartref preswyl lle bu fy nhad am chydig wythnosau cyn iddo fo farw. Mi fu hi'n ffeind iawn wrtho fo, ac yntau mor falch ei bod hi'n siarad Cymraeg efo fo. Bu bron i mi ei phasio gan fy mod i wedi arfer ei gweld mewn iwnifform gofalwraig yn y cartref – y diwrnod hwnnw roedd hi'n edrych yn hollol wahanol, yn gwisgo dillad lliwgar a'i gwallt hir yn hongian yn rhydd o gwmpas ei hwyneb. Aethom ein dwy i gaffi bach am baned, ac eglurodd ei bod wedi penderfynu gadael ei swydd ddiddiolch a dod i fyw yma i'r Gymuned yr oedd hi wedi clywed amdani. Roedd gweithio yn y cartref preswyl wedi gwneud iddi boeni am ei dyfodol – be fyddai'n digwydd iddi hi pan fyddai'n heneiddio gan nad oedd ganddi neb fyddai'n edrych ar ei hôl. Roedd hi wedi digalonni o weld sut roedd rhai o'r hen bobl yn treulio'u blynyddoedd olaf yn y cartref, yn unig a heb ddim i lenwi eu dyddiau er nad oedd y rhan fwyaf ohonyn nhw'n wael nac yn fethedig iawn, ac yn ofni y bysa hi'n gorffen ei hoes mewn sefyllfa debyg. Pan glywodd rywun yn sôn sut roedd pawb yn byw yn y gymuned 'ma fel un teulu mawr, a phawb yn edrych ar ôl ei gilydd, mi oedd hi awydd dod yma i weld drosti ei hun. Dim ond ers rhyw flwyddyn roedd hi wedi bod yma, ac roedd hi'n edrych yn hapus iawn ei byd. Ar ôl mynd adref y noson honno dechreuais innau feddwl am fy nyfodol. Penderfynais y byddwn yn ceisio darganfod mwy am y Lloches 'ma, a dechreuais fynd i'r farchnad yn amlach gan obeithio gweld Gwenno, neu Gwenalarch fel mae hi'n cael ei nabod erbyn hyn, eto. O'r diwedd, un diwrnod, mi welais i hi'n turio drwy'r fasged ffrwythau a llysiau goraeddfed rhad wrth ochr un o'r stondinau, ac mi es draw ati'n syth a chynnig paned iddi yn y caffi. Mi fuon ni'n eistedd yno am awr dda yn sgwrsio, a finna yn holi'i pherfedd hi am y Gymuned. Mi gododd awydd arna i i ddod draw i weld y lle ...a dyma fi, yn dal yma.'

Cododd ac estyn am y mẁg gwag o'm llaw, a'i roi ar y bwrdd.

'Mae Gwenalarch wedi mynd efo Arthur heddiw i brynu nwyddau ar ein cyfer ni. Mi ddaw'r lleill i'r fei toc i chwilio am eu cinio – maen nhw wedi mynd i gasglu coed tân, gan ei bod yn dechrau oeri erbyn hyn. Mi fyddwn ni angen cyflenwad go dda i bara dros y gaeaf. Dewch i weld lle fyddwch chi'n cysgu heno ... os ydach chi am aros efo ni.' Arweiniodd fi at un o'r carafannau bychain. 'Mi fyddwch yn iawn yn y fan yma efo'r ddwy arall, er ei bod hi braidd yn gyfyng. Ond fel mae Arthur yn dweud, brodyr a chwiorydd i'n gilydd ydan ni i gyd, yntê?'

Camais ar ôl Ceridwen drwy ddrws cul y garafán gan edrych o 'nghwmpas yn amheus. Doedd dim cypyrddau ynddi, dim ond ambell silff agored, ac roedd wedi ei haddasu i ddal dau wely dwbwl ac un sinc i molchi yn y cefn. Gwenodd Ceridwen ei hymddiheuriad pan welodd fi'n chwilio am rywle i gadw fy mag. 'Does dim preifatrwydd yma, mae arna i ofn. Os oes gynnoch chi frws dannedd, rhowch o wrth ochr y sinc, ond bydd popeth arall yn cael ei roi i Arthur i'w gadw.'

'Ond ... be am fy ffôn ... a fy mhres?'

'Mae popeth yn cael ei rannu rhyngddon ni i gyd, hyd yn oed ein dillad, ac mae Arthur yn cadw pob ffôn ac yn defnyddio unrhyw arian er ein lles ni i gyd. Mi fydd yn siŵr o fod eisiau gweld be sy ganddoch chi cyn penderfynu ydi o am adael i chi aros. Esgusodwch fi, mae'n rhaid i mi fynd i baratoi cinio.'

Roedd y ffordd y dywedodd hi hynny mor ddifater wedi fy nychryn. Ystyriais ei geiriau o ddifri. Pam oedd gan bawb gymaint o ffydd yn Arthur, a'i deulu ei hun yn ceisio dianc rhagddo? Roedd Ceridwen i weld wedi derbyn y ffaith ei fod o'n hawlio pob tamaid o'u heiddo yn ddigwestiwn. Oedd y lleill yn derbyn y sefyllfa hefyd? Teimlais mor falch na fyddwn yn aros yn y Lloches yn hir.

Doeddwn i ddim wedi crybwyll enw Lisa wrth Ceridwen, nac yn bwriadu gwneud hynny chwaith, a phenderfynais aros yn y gwersyll yn ddigon hir i'w gweld a sicrhau ei bod yn iach, a dim munud yn hirach na hynny. Doeddwn i ddim am adael i Arthur gael ei ddwylo ar fy arian, nac unrhyw beth arall chwaith. Codais fy mag ar fy nglin ac eisteddais ar erchwyn y gwely, yn teimlo'n reit nerfus. Roedd yr hen löynnod bychain cyfarwydd wedi deffro ac yn hedfan o gwmpas yn fy stumog nes gwneud i mi deimlo'n gyfoglyd, braidd. Edrychais ar fy oriawr yn disgleirio ar fy ngarddwrn – yr oriawr roedd Lloyd wedi ei phrynu i mi. Turiais yn y bag am y sgarff ro'n i wedi'i lluchio iddo cyn cychwyn o'r cwch a'i lapio'n dynn am yr oriawr a'i stwffio i boced fechan y tu mewn i'r bag, gan obeithio na fyddai neb yn dod ar ei draws. Er fy mod yn awyddus i fynd i chwilio am Lisa, penderfynais y byddwn yn aros yn lle'r o'n i nes i bawb ddod i gael eu cinio, gan obeithio y byddai Lisa yn eu mysg. Ar ôl cael sgwrs gyfrin efo hi gallwn adael, gan ei pherswadio i ddod efo fi.

10

Roeddwn wedi hen laru yn y garafán yn aros am amser cinio. Roedd yn amhosib i mi weld neb na dim drwy'r ffenestri llychlyd, ac roedd y babell fawr yn cuddio'r rhan fwyaf o'r olygfa tuag at y cylch tân yng nghanol y gwersyll beth bynnag. Er i mi chwilio pob twll a chornel a thrwy blygion y plancedi di-raen oedd wedi eu lluchio'n flêr ar y gwlâu, welais i ddim i dystio pwy oedd yn arfer cysgu yno. Edrychais o'm cwmpas. Roedd rhywun wedi tynnu drysau'r cypyrddau i ffwrdd gan adael dim ond y ffrâm ac ambell silff wag fel nad oedd unlle i guddio dim. Roedd rhyw deimlad annifyr am y lle, a dechreuais weld sut roedd modd i Matt a Lisa deimlo fel petaent wedi'u carcharu.

Sut yn y byd y bûm i mor flêr na fuaswn i wedi gadael i rywun heblaw Matt wybod 'mod i'n bwriadu dod yma? Pam na fuaswn wedi egluro'n well i Lloyd ar y ffôn? Cipiais fy mag oddi ar y gwely a stwffio un fraich i lawes y gôt drom wrth geisio ymbalfalu yn fy mag am y ffôn â'm llaw arall. Crynai fy mysedd wrth ddeialu, ond roedd y ffôn yn farw i'r byd. Dim pwt o fywyd ynddo. Roedd wedi bod yn gorwedd yn rhy hir yn y drôr ar y cwch a finna wedi anghofio pob dim am wefru'r batri. Mae'n rhaid ei fod bron yn fflat pan gychwynnais o Benbryniau. Dechreuais fynd i banig. Beth petai Arthur yn fy nghadw yn garcharor? Roedd Matt ym Manceinion, a ph'run bynnag, digon o waith y byddai o'n mentro i'r chwarel i chwilio amdana i. Roedd gormod o ofn Arthur arno fo. Doedd gan Lloyd ddim syniad i ble ro'n i wedi mynd, a doedd gen innau ddim ffordd o gysylltu efo fo na neb arall. Teimlais fy hun yn chwysu wrth sylweddoli peth mor wirion wnes i. Busnesu ym mywydau pobl eraill ar fympwy gwirion yn lle gadael iddyn nhw ddatrys eu problemau eu hunain.

Yna, clywais gloch yn canu ddwywaith o gyfeiriad y babell fawr. Mentrais daro fy mhen allan drwy'r drws. Oeddwn i wedi ei gadael yn rhy hwyr i gerdded o'r gwersyll? Sut fyddwn i'n egluro fy mod wedi newid fy meddwl? Roedd fy mhen yn troi a fedrwn i ddim meddwl yn glir. Lluchiais y ffôn i mewn i'r bag gan nad oedd o'n dda i ddim.

Roedd criw o bobl yn cerdded yn hamddenol allan o'r coed gan oedi bob hyn a hyn i sgwrsio ar eu ffordd i'r babell fawr. Wyddwn i ddim yn iawn beth i'w wneud, felly ciliais yn ôl o'r golwg. Rhoddais fy nghefn i bwyso ar ddrws y garafán er mwyn ystyried fy ngham nesaf, ond neidiais pan glywais sŵn traed rhywun ar y grisiau. Agorodd y drws led y pen heb i neb gnocio, a galwodd rhywun yn uchel bod cinio'n barod. Bu bron i mi â disgyn allan wysg fy nghefn, ond llwyddais i arbed fy hun a throi i weld cefn dyn cryf yr olwg yn brasgamu tuag at y dynion a'r merched oedd erbyn hyn yn sefyll yn rhes y tu allan i'r babell. Trodd pawb i edrych arna i, a cheisiais ddychmygu pa fath o groeso fyddai yn fy nisgwyl. Ar goesau crynedig, cerddais tuag atynt.

Gwthiodd Ceridwen o'r tu ôl i'r dieithriaid a gafael yn fy mraich.

'Mae Delyth angan rwla i aros, a dwi'n siŵr y gwnewch chi gytuno bod croeso iddi aros yma nes y daw Arthur yn ei ôl. Dwi'n sicr na fydd ganddo wrthwynebiad i hynny. Ty'd, Delyth, gafael yn un o'r dysglau 'na a helpa dy hun i'r cawl.'

Sylwais ei bod wedi fy nghyfarch fel petai hi'n fy nabod erioed, a dechreuais deimlo ychydig yn fwy hyderus. Roedd y rhan fwyaf o'r bobl o 'nghwmpas yn edrych yn ddigon diniwed, ond gallwn weld wrth edrych arnyn nhw pam roedd y bobl leol yn eu galw nhw'n hipis.

Codais lond lletwad o gawl i'r ddysgl a mynd i eistedd wrth y bwrdd hir y tu mewn i'r babell. Cyn i mi godi fy llwy at fy ngheg roedd merch ifanc, ychydig yn hŷn na Huw, tybiwn, wedi eistedd ar y fainc wrh fy ochr. Cyflwynodd ei hun wrth gynnig bara i mi.

'Helô Delyth! Arianrhod ydw i – rwyt ti'n rhannu carafán efo fi a Gwenalarch heno, dwi'n credu.'

Ceridwen. Arianrhod. Gwenalarch. Arthur. Ceisiais guddio'r syndod o glywed yr enwau anghyfarwydd wrth ei hateb.

'Ydw, neu felly y soniodd Ceridwen. Gobeithio na fydda i dan eich traed chi – dwi'n hollol fodlon cysgu ar lawr am noson, cofiwch.'

'Paid â phoeni, mae 'na ddigon o le. Wnest ti sylwi fod 'na ddau wely dwbwl yn y garafán?'

Disgwyliais iddi egluro y byddai hi a'i ffrind y rhannu'r un gwely, ond yn ôl pob tebyg fi fyddai'n rhannu efo Gwenalarch. Roedd clywed hyn yn gwneud i mi deimlo'n anghyfforddus iawn, gan na wnes i erioed yn fy mywyd rannu gwely efo neb ond Lloyd, heblaw am ambell noson gydag Enfys ers talwm pan fyddai rhywbeth yn ei phoeni, neu ryw gariad neu'i gilydd wedi torri ei chalon. Ond roedd yn well gen i gau fy ngheg rhag tynnu'r merched i fy mhen. Wedi'r cwbwl, dim ond un noson ro'n i'n bwriadu aros yno – nid 'mod i wedi bwriadu aros o gwbwl – ac roedd y ferch hon eto yn ymddangos yn ddigon clên.

Codais fy mhen o'r cawl bob hyn a hyn i wylio gweddill y criw. Sgwrsiai tri dyn ar ben pella'r bwrdd, dau ohonynt yn weddol ifanc ac un dipyn yn hŷn, a draw heibio i Arianrhod a'r tri phlentyn a welais ynghynt, eisteddai Goewin a Ceridwen, oedd yn codi yn ôl ac ymlaen at y stof. Hi, yn amlwg, oedd yn gofalu am y bwyd. Ond welwn i ddim golwg o Lisa. Gwyddwn fod ei thad, Arthur, wedi mynd â Gwenalarch efo fo i siopa, ond soniodd Ceridwen ddim gair bod neb arall wedi mynd hefyd.

Cododd pawb ar ôl gorffen bwyta a gofynnodd Arianrhod i mi fynd efo nhw i gasglu'r coed tân ar gyfer y bore. Gan feddwl y byddai'n dda o beth i mi ddangos chydig bach o frwdfrydedd, cerddais ar eu holau i ganol y goedwig fechan. Llusgo y tu ôl i ni heb yngan gair wnaeth Goewin.

'Ti 'di arfer efo gwaith trwm?' Trodd Arianrhod ataf. 'Paid â phoeni os na fedri di gario cymaint â ni – rydan ni 'di bod wrthi am fisoedd erbyn hyn ac mi ddoi ditha i arfer hefyd, ymhen amser.'

Petai hi ond yn gwybod pa fath o waith y bûm i'n ei wneud ar y fferm ers i mi briodi, meddyliais. Fyddai casglu mymryn o goed tân ddim yn debygol o 'mlino i.

Tra oedd y dynion yn llusgo'r boncyffion trymaf ar eu holau llanwodd Arianrhod a minnau ein breichiau â brigau hirion. Gwelais nad oedd Goewin yn gwneud llawer o ymdrech, a phan sylwodd Arianrhod arnaf yn syllu arni chwarddodd yn isel.

'Paid â chymryd sylw ohoni hi,' sibrydodd, 'wedi pwdu mae hi am na chafodd hi gynnig mynd efo Arthur heddiw. Ifanc ydi hi, 'sti, rhyw beth fach drwynuchel fuodd mewn ysgol breifat a dengid oddi yno. Arthur ddaeth ar ei thraws mewn ffair lyfrau yn y Gelli ryw dair blynedd yn ôl a dod â hi yma efo fo.'

'Ond be am ei theulu? Dydyn nhw ddim yn poeni amdani? Faint ydi 'i hoed hi?'

'Digon hen i benderfynu nad ydi hi am i neb wybod lle mae hi. Mae hi bron yn ugain erbyn hyn, beth bynnag, ac mae ganddi berffaith hawl i fyw lle mynnith hi. A ph'run bynnag, fysa hi byth yn gadael Buddug.'

'Buddug?'

'Ia, ei merch hi.'

'O! Ydi 'i gŵr hi'n byw yma hefyd, felly?'

'Na. Does ganddi hi ddim gŵr na phartner.'

'Ond pwy ydi tad yr hogan fach?'

'Arthur? ... Peredur? ... Pwyll neu Arawn? Be 'di'r ots? Un teulu mawr ydan ni yma yn y Lloches, yn dadau, mamau, chwiorydd, brodyr a phlant.'

Mae'n rhaid bod fy mhenbleth yn amlwg. Rhoddodd ei baich i lawr ac amneidio arna innau i wneud yr un fath. Gadawodd i Goewin basio heibio i ni cyn parhau i siarad.

'Paid â dychryn, Delyth fach. Rydan ni i gyd yn byw yn gytûn yma ac mae popeth yn rhedeg yn berffaith ... cyn belled â'n bod ni'n gwrando ar Arthur. Fo sy'n gwybod be sydd orau i ni a'r Gymuned. Mae o'n gyfrifol amdanon ni i gyd. Yli braf ydi hi arnon ni, heb orfod poeni am ddim – o le mae'r geiniog nesa'n dod i dalu'r rhent, prynu bwyd a dillad. Gadael i Arthur wneud pob penderfyniad droston ni.'

'Ond be tasa un ohonoch chi ddim yn cyd-fynd â'i benderfyniad o – 'sgynnoch chi hawl i leisio'ch barn? Be tasa un ohonoch chi'n dechrau casáu bod yma? Fedrwch chi adael a chael eich eiddo'n ôl?'

'Mae Arthur yn berson mor benderfynol fyddai o fawr o dro yn ein perswadio mai fo sy'n iawn. Ocê, mi fydd o'n colli ei dymer efo ni weithiau, a fydd 'run ohonon ni'n meiddio'i groesi o bryd hynny. Ond be sy ganddon ni hebddo fo? Dim byd. Lle fuaswn i a Llŷr bach ac Olwen yn mynd?'

Agorais fy ngheg led y pen. 'Ti'm yn trio deud mai ...?'

'Ydw. Fi ydi mam y ddau fach 'na welaist ti gynna. Mi heglodd fy ngŵr a 'ngadael i heb yr un ffeuan pan oedd Olivia ... Olwen ... yn fychan, a doedd gen i unlle i droi, heblaw cerdded y strydoedd yng Nghaer drwy'r dydd a gobeithio cael gwely gan rywun dros nos. Chwarae teg, mi fu rhai o fy hen ffrindiau yn dda iawn wrtha i, ac mi soniodd un ei bod yn nabod Pwyll, fyddai'n arfer trin ei gwallt, a'i fod o wedi symud yma efo'i gariad. Mi roddodd hi chydig o arian i mi, digon i dalu am docyn trên, ac mi ddois o hyd i fama. Roedd Arthur yn fodlon fy nerbyn i er mor dlawd oeddwn i, cyn belled â 'mod i'n addo gwneud fy siâr a rhannu popeth efo'r lleill ... a fo. Ac roedd o'n golygu popeth hefyd. Yma y ganwyd Llŷr.'

'Be? Nath o erioed dy dreisio di?'

Yr unig ateb a roddodd Arianrhod oedd codi ei hysgwyddau a throi ei phen oddi wrtha i.

Os oedd ofn Arthur arna i ar ôl i Matt ei ddisgrifio, roedd gwrando ar straeon Arianrhod yn codi gwallt fy mhen. Pwy oedd y bwystfil yma oedd yn perswadio pobl ddiniwed, diymadferth a dideulu i wrando arno heb ei gwestiynu, i roi popeth iddo?

Codais y bwndel brigau a dechrau cerdded yn ôl i'r gwersyll ar fy mhen fy hun. Ro'n i angen munud neu ddau i feddwl. Ar yr wyneb roedd pawb i'w weld yn ddigon hapus ond cofiais yr olwg bwdlyd ar wyneb Goewin, a'r ffordd yr edrychodd Arianrhod i ffwrdd wrth ateb fy nghwestiynau. A beth am yr enwau gwneud? 'Dechrau o'r newydd,' ddywedodd Ceridwen wrtha i, ond hyd y gwelwn i gan Arthur oedd y dewis, fo oedd yn cael dweud, fo oedd yn cael meddiannu pawb a'u heiddo a'u gadael heb ddim. Welwn i ddim bai ar Matt am adael y lle, a dechreuais sylweddoli pam ei fod o'n poeni cymaint am Lisa.

Daliodd Arianrhod i fyny efo fi a chydio yn fy llawes.

'Delyth, mae popeth yn iawn yma, 'sti, gei di weld. Rydan ni i gyd yn edrych ar ôl ein gilydd – does dim isio i ti bryderu o gwbwl. Dwi 'di bod yn hapusach yma nag y bues i ers blynyddoedd. Ches i ddim ond poen ar ôl i mi briodi a sylweddoli mor hunanol oedd fy ngŵr. Mi oedd fy rhieni yn llygad eu lle – mi welson nhw drwy Rich o'r cychwyn cyntaf. *Playboy*, dyna fydden nhw'n ei alw, ond mi o'n i wedi gwirioni efo fo a'i griw o ffrindia oedd mor wahanol i fechgyn Llanrhuad. Dod i lawr i'r Rhyl am yr haf oeddan nhw a finna wedi mopio 'mhen yn eu gweld nhw, mor *hip* yn eu siorts lliwgar a'u cyrff yn frown ar ôl treulio'u holl amser ar y traeth. Mi ddechreuais aros hyd y dre yn hwyrach ac yn hwyrach yn hytrach na mynd adref ar ôl gorffen gweithio – byddai Rich yn disgwyl amdanaf bob nos, ei groen yn gras o dywod mân a blas heli arno fo … blas mwy. Ond weithia fydda fo ddim yn troi i fyny ac mi fyddwn yn clywed wedyn ei fod o wedi mynd efo'i ffrindiau am Landudno neu rywle arall i drio'u lwc. Dal y bws nesa am adref fyddwn i bryd hynny a Mam yn gwaredu wrth weld ôl crio ar fy wyneb, ac yn fy siarsio i beidio mynd ar ei gyfyl wedyn. Ond mynd fyddwn i bob gafael, a maddau iddo fo, yn fodlon gwneud unrhyw beth er mwyn ei gadw. Methu ei blesio fo ddigon.

'Mi o'n i'n feichiog efo Olwen cyn ei briodi, ac ar ôl iddi gael ei geni mi fyddai Rich yn fy ngadael ar fy mhen fy hun yn y fflat efo'r babi tra byddai o'n mynd allan efo'i ffrindiau am sbri. Ro'n i mor unig. Wnawn i ddim cyfadda wrth Mam a Dad dros fy nghrogi mai nhw oedd yn iawn a doedd gen i ddim digon o wyneb i ofyn iddyn nhw am gael mynd yn ôl adref. Beth bynnag oedd Rich, doeddwn i ddim am wrando arnyn nhw'n rhefru a'i alw'n bob enw, felly trio sticio efo fo wnes i. Pan ddechreuais gwyno mi fydda fo'n gwylltio efo fi am fusnesu yn ei fywyd o, a 'nghyhuddo o fod wedi ei ddal o mewn trap. Doedd yn ddim ganddo godi'i ddyrnau chwaith. Un diwrnod mi ddiflannodd, a 'ngadael i ar fy mhen fy hun efo Olwen. Mi ddois i yma, a rŵan mae gen i gwmni bob awr o'r dydd ac mae pawb yn fy nerbyn i fel ag yr ydw i ac yn cydweithio i edrych ar ôl y plant. Mae bob dim yn haws, rywsut. A waeth i mi gyfaddef ddim – ro'n i'n hiraethu am gwmni a chyffyrddiad dyn, a breichiau cryf amdana i ambell noson.'

Bu bron i mi â'i hannog i fynd yn ôl at ei theulu gan ddweud bod gwaed yn dewach na dŵr, ond wnes i ddim.

'Mi wyt ti'n ddewr iawn ... a dwi'n edrych ymlaen at gyfarfod pawb arall sy'n byw yma.' Oedais cyn gofyn fy nghwestiwn nesaf. 'Pwy ddeudist ti oedd wedi mynd efo Arthur?' Ceisiais ymddangos yn hollol ddidaro rhag i mi ddifetha'r siawns o weld Lisa, a finna wedi dod cyn belled.

'Dim ond Gwenalarch aeth efo fo, ac ella y byddwn ni wedi mynd i'n gwlâu cyn iddyn nhw ddod yn ôl. Gan ei bod hi'n dechrau oeri'n sydyn gyda'r nosau rŵan, mi fyddwn ni'n clwydo'n reit gynnar er mwyn arbed coed tân.'

Am drist, meddyliais, genod ifanc fel hyn heb ddim i'w wneud ond noswylio'n gynnar ar ôl gweithio mor galed i hel coed tân, ac yn cael fawr o fudd ohonyn nhw yn y diwedd. Dychmygais ymateb Llinos i'r fath sefyllfa – fyddai hi byth yn credu, a hithau'n mwynhau ei hun yng Nghaerdydd, bod modd i neb gael ei dylanwadu fel hyn. Ond dyna fo. Beth wyddai hi am fyw yn dlawd, heb gefnogaeth teulu cariadus a ffrindiau?

Wrth gerdded ochr yn ochr ag Arianrhod daeth ton o hiraeth drosta i am fy nheulu fy hun. Beth petai rhywbeth yn digwydd i mi? Fyddai dim syniad gan yr un ohonyn nhw lle i ddechrau chwilio amdana innau, mwy nag y byddai gan rieni Arianrhod druan. Addewais i mi fy hun y byddwn yn ei heglu hi adref nerth fy nhraed unwaith y gwelwn fod Lisa'n iawn. Rhyngddyn nhw a'u pethau ar ôl i Matt ddychwelyd o Fanceinion.

Erbyn i ni orffen cario'r coed tân o'r goedwig i gysgod craig y chwarel roeddan ni i gyd yn barod am damaid i'w fwyta. Roedd Ceridwen wedi rhoi pwcedaid o ddŵr ar lawr y babell i ni olchi ein dwylo ynddi, a gosod lliain ar y fainc gerllaw. Sylwais fod pawb yn ddigon hapus i rannu'r un lliain, gan ei ddefnyddio i sychu'r chwys oddi ar eu hwynebau yn ogystal â'u dwylo. Daeth fy nhro i ar ôl Peredur, horwth o ddyn cryf, garw yr olwg, a doedd gen i ddim dewis ond gafael yn y tywel pygddu pan roddwydd o i mi. Sychais fy wyneb â'm llewys.

Doedd dim cig ar fy mhlât i, dim ond twmpath o ffa o bob lliw a briwsion o ddeiliach gwyrdd wedi eu taenu dros y cwbwl. Eisteddodd Peredur wrth fy ochr, a bob yn ail â fforchio'r ffa yn chwantus i'w geg dechreuodd fy holi. Oeddwn i'n briod? Plant? Ceisiais innau chwilio am atebion fyddai yn ei blesio, ond digon distaw oedd o ar y cyfan, heb lawer o sgwrs, oedd yn fy siwtio i'r dim. Roedd rhywun wedi cynnau tân yn y cylch ac eisteddodd y rhan fwyaf ar y boncyffion o'i gwmpas i fwyta. Es innau atynt ar ôl golchi fy mhlât. Estynnodd Goewin ei ffliwt a chymerais arnaf fwmian canu i'w chyfeiliant yr un fath â phawb arall. Eisteddai'r plant yn gysglyd yng nghôl Pwyll ac Arawn ar soffa oedd wedi gweld dyddiau gwell, a doedd dim yn tarfu ar y teimlad o heddwch llwyr heblaw Peredur, oedd yn codi bob hyn a hyn i luchio brigyn ar y tân nes bod y fflamau yn poeri a thasgu eu gwreichion i'r nos.

Toc, cododd Arianrhod.

'Wel, wn i ddim amdanoch chi ond rydw i'n barod am fy ngwely. Mi fydd yn oeri y munud y bydd y tân 'ma wedi marw i lawr. Wyt ti'n barod, Delyth?'

Codais i'w dilyn, ac wrth iddi basio Peredur sylwais arno'n cyffwrdd yn ei llaw. Wnaeth hi ddim troi, ond dwi'n siŵr i mi weld ei bysedd yn cau am ei law am eiliad fer, fer.

'Gei di gysgu yn y gwely acw efo Gwenalarch pan ddaw hi'n ôl – dos di i ochr y pared fel na fydd hi'n dy styrbio di,' meddai Arianrhod wrth ddringo'r grisiau i'r garafán. Tynnodd bob cerpyn oddi amdani a rhoi ei dillad ar un o'r silffoedd agored. Clywais hi'n brwsio ei dannedd yn y sinc, a phan drodd yn ôl a 'ngweld i'n dal i sefyll yno yn fy nillad, gwenodd. "Sdim isio i ti fod yn swil, 'sti. Chwiorydd ydan ni yma, ac fel y deudis i rydan ni'n rhannu popeth. Does 'na ddim byd yn cael ei guddio yma.'

Dwi ddim yn meddwl i mi erioed deimlo mor annifyr ac anghyfforddus. Trois fy nghefn ar Arianrhod a thynnu fy nillad i lawr at fy mra a'm nicyrs a'u rhoi ar y silff agosaf. Gan aros i Arianrhod droi ei phen yn ôl at y sinc, tynnais fy nillad isaf yn sydyn a'u lluchio ar ben y gweddill cyn neidio i'r gwely a chodi'r plancedi yn uchel at fy ngên. Ro'n i'n amheus pa mor lân oedd y gwely wrth i mi deimlo rhyw friwsion yn crafu croen fy nghoesau, a buaswn wedi rhoi'r byd am fod yn ôl rhwng y cynfasau gwynion llyfn yn fy ngwely fy hun ym Mhenbryniau, a Lloyd wrth fy ochr.

'Ti'n iawn?' sibrydodd Arianrhod yn gysglyd.

'Ydw diolch. Pwy ydi Pwyll ac Arawn?'

'Paul ac Aaron oedd eu henwau nhw ... ac maen nhw'n gariadon. Cymro o Wrecsam ydi Arawn ac er mai Sais ydi Pwyll mae o'n dallt pob gair o Gymraeg, ond ei fod o braidd yn swil o siarad yr iaith. Ond does ganddo fo fawr o ddewis – mae Arthur yn mynnu na ddaw neb yma atom ni os nad ydyn nhw'n siarad neu ddeall rhywfaint o Gymraeg.' Oedodd i ddylyfu gên. 'Yli, dwi 'di blino gormod i siarad. Mae'n debyg y bydd Arthur yn galw pwyllgor ben bore fory pan ddaw i wybod dy fod ti yma, i benderfynu be i'w wneud, ac ar ôl hynny mi ddo' i yn ôl yma i egluro popeth.'

'Oes 'na rywun arall yn byw yma hefyd?' mentrais ofyn. 'Rhywun dwi heb ei gyfarfod?'

Deuai chwyrniad ysgafn o'r gwely nesaf a gwyddwn fod Arianrhod ar fin mynd i gysgu, ond yna clywais hi'n ateb yn ddiog, ateb roeddwn i'n hanner ei ddisgwyl.

'Dim ond Luned.'

Wnes i ddim holi mwy.

Luned ... Lisa, Ceridwen ... Catherine, Arianrhod ... Angharad, Gwenalarch ... alarch ... arch. Roedd yr enwau yn troi yn fy mhen, un ar ôl y llall, a finna'n ceisio'n ofer i wneud synnwyr ohonynt. Doedd Arthur ddim yn ei iawn bwyll, yn amlwg – dwyn enwau pobl a rhoi ei hun yn unben arnyn nhw. Beth petai o'n ceisio gwneud yr un fath i mi? Byddai'n rhaid iddo ddarganfod enw chwedlonol yn dechrau efo'r llythyren 'd'. Dechreuais bendwmpian wrth geisio cofio'r straeon y byddai Miss Ifans yn eu hadrodd i ni yn ysgol y pentref ers talwm, ond yn sydyn codais ar fy eistedd. Dwynwen! Ia siŵr, Dwynwen ... santes y cariadon. Addas iawn o gofio pam y dois i i'r chwarel yn y lle cyntaf. Ceryddais fy hun am fod mor wirion. Roedd yn rhaid i mi drio cysgu – doedd wybod beth oedd o'm blaen y diwrnod wedyn.

Ond ches i fawr o gwsg y noson honno.

Roedd ceg Arthur yn agored led y pen. Chwarddai wrth ddal ei gleddyf yn ei law, a finna'n plygu'n wylaidd o'i flaen yn ymbil arno am fywyd Lloyd. O'n cwmpas, yn troi a throi fel trobwll, roedd morynion mewn dillad gwyn a blodau yn eu gwalltiau. Roedd Lisa, Arianrhod, Gwenalarch a Ceridwen yn eu mysg, ynghyd â Llinos ac Enfys, oll yn ffoi o flaen marchogion oedd â gwaed yn pistyllu o dyllau yn eu pennau lle bu eu clustiau unwaith. Yn dilyn carnau'r ceffylau roedd cŵn gwyn a chanddynt glustiau cochion, yn rhedeg yn gynt ac yn gynt, yn nes ac yn nes at y merched, a thylluanod yn sgrechian uwchben; y cyfan yn ymdoddi i'w gilydd. Roedd y gamlas y tu hwnt iddynt yn fôr o fastiau llongau yn codi fel canghennau gaeafol, a gwelwn Matt yn eu mysg yn codi ei ddwy fraich, yn erfyn arna i i fynd i'w nôl o er mwyn iddo fedru achub Lisa. Fel yr oedd Lloyd yn gorwedd fel pont dros y dŵr er mwyn i mi gael cerdded drosti daeth Arthur ...

Deffrois yn laddar o chwys oer heb syniad ble roeddwn i, a dagrau'n gwlychu fy wyneb. Roedd rhywbeth wedi fy neffro a tharfu ar yr hunllef oedd wedi peri i 'nghorff grynu fel deilen grin. Gwrandewais yn astud, yn sicr mai sŵn drws yn agor a chau yn ddistaw a glywais. Gorweddais yn hollol lonydd, gan ddal fy anadl heb fentro ei gollwng allan rhwng fy ngwefusau tyn. Yna, cofiais am Gwenalarch oedd ar ei ffordd yn ôl gydag Arthur, ac er i mi ddisgwyl ei theimlo'n llithro i'r gwely y tu cefn i mi, ddaeth hi ddim. Cyn i mi droi ar fy ochr clywais sibrwd tawel yn dod o'r gwely arall, a diolchais ei bod wedi penderfynu cysgu efo Arianrhod yn hytrach nag efo fi, dynes ddieithr, noethlymun.

Mae'n rhaid fy mod wedi syrthio i gysgu ryw dro cyn y bore, oherwydd roedd yn dechrau gwawrio pan ddeffrois a gweld Arianrhod wrthi'n gwisgo amdani. Gwelodd fi yn hanner codi ar fy eistedd.

'Does dim angan i ti godi rŵan, 'sti. Dwi am fynd draw at y lleill, ac yna mi fydd yn rhaid i ni fynd at Arthur cyn brecwast. Mi ddo' i yma atat ti wedyn.'

'Ydi Gwenalarch wedi mynd yn barod?'

'Gwenalarch? Yyy ... mae'n siŵr ei fod o wedi gofyn iddi hi aros efo fo neithiwr.'

'Ond mi glywais hi'n cyrraedd ac yn siarad efo chdi ganol nos.'

'Naddo ... Peredur fu yma.' Chymerodd hi ddim arni o gwbwl ei bod wedi sylwi ar yr olwg o anghredinedd ar fy wyneb. 'Mi a' i rŵan 'ta. Wela i di yn y munud.'

Ar ôl iddi gau'r drws ar ei hôl, eisteddais yn syfrdan yn y gwely. Fedrwn i ddim credu'r fath beth. Rhannu? Wrth gwrs fod rhannu yn rhywbeth y dylai pawb ei wneud, ond rhannu'r cyfan? Ein cyrff, ein heneidiau? Merched a dynion? Gwŷr a gwragedd? Pa mor hir fyddai hi cyn i ryw Arthur neu Beredur fy llygadu i?

Neidiais allan o'r gwely er bod fy nghoesau a 'nghefn wedi cyffio'n boenus ar ôl gorwedd ar y fatres galed drwy'r nos. Ymolchais hynny a allwn i yn y dŵr oer a mynd i chwilio am y sgarff oedd yn fy mag er mwyn sychu fy wyneb. Ond doedd y bag ddim yno! Gwisgais amdanaf yn wyllt, gan sylweddoli fod

Arianrhod wedi mynd â fy nghôt a fy mag at Arthur. Roedd hi'n oer yn y garafán gan ei bod yn rhy gynnar i'r haul daflu ei wres drosti, ac roedd hynny'n ychwanegu at y cryndod oedd yn trydanu drwy 'nghorff. Yn anffodus, wnaeth yr oerni ddim i rewi'r hunllef oedd yn dal i fod mor fyw o flaen fy llygaid. Sut, mewn difri, ro'n i wedi rhoi fy hun yn y fath sefyllfa ddyrys? Dim ond mewn ffilmiau a chyfresi teledu roedd pethau fel hyn i fod i ddigwydd. Byddai'n rhaid i mi, rywsut, adael y gwersyll afiach cyn gynted ag y medrwn fel cymeriad mewn stori antur. Lloches, wir! Ond sut gallwn i adael heb dynnu sylw ataf fy hun, heb sôn am gael gafael ar fy mhethau – yn bennaf fy nghôt ac allwedd y cwch oedd yn ei phoced gesail? Fy ffôn! Roedd hwnnw yn fy mag. Gan ei bod yn fore Iau a finna wedi addo ffonio Lloyd neithiwr, mi fyddai'n siŵr o fod yn poeni amdana i. Er bod gen i nifer o feiau doedd mynd yn ôl ar fy ngair ddim yn un ohonyn nhw, a gwyddai Lloyd hynny yn iawn. Byddai'n rhaid i mi adael.

Penderfynais y byddai'n well i mi aros nes y deuai Arianrhod yn ei hôl er mwyn ceisio cael f'eiddo'n ôl – o leiaf roedd hi i'w gweld yn ddigon cyfeillgar. Efallai y byddai'n fodlon fy helpu. Cerddais yn ôl ac ymlaen gymaint ag y gallwn i fyny ac i lawr y garafán tra oeddwn yn disgwyl amdani, i geisio cynhesu dipyn.

11

Beiwn yr holl ffa ro'n i wedi eu bwyta i swper am y cnoi poenus a deimlwn yn fy stumog. Ymhell cyn i Arianrhod ddod yn ei hôl bu'n rhaid i mi ruthro i'r tŷ bach, yn falch nad oedd hi wedi goleuo yn iawn ac na welais i neb o gwmpas. Roedd pawb yng ngharafán Arthur yn penderfynu fy nhynged, mae'n debyg. Gwelais fy nghyfle i sleifio o'r gwersyll.

Edrychais o 'nghwmpas yn wyllt i drio gweld pa ffordd fyddai orau i mi ei chymryd. Dringo i fyny'r graig y tu ôl i'r babell ynteu ei mentro hi yn ôl yr un ffordd ag y dois i yno, a'i heglu hi am y gamlas? Penderfynais y byddwn yn gadael fy eiddo i gyd a ffoi gyda dim ond y sgert laes a'r siwmper goch amdanaf. Diolchais nad oedd neb wedi hawlio fy sgidiau cerdded solet. Doedd gen i ddim amser i ailystyried nac i boeni am yr arian, y ffôn na'r oriawr ges i gan Lloyd ar ben blwydd ein priodas. Dechreuais redeg cyn gynted ag y gallwn tuag at y ffordd gan fwmial yn isel ar y cŵn er mwyn eu cadw'n dawel ... a dyna pryd y gwelais hi, yn eistedd ar un o'r boncyffion yn plethu ei gwallt coch. Arafais yn ddiarwybod i mi, bron, a chododd hithau ei phen i edrych arna innau. Y druan fach, roedd golwg mor ddigalon ar ei hwyneb ... ac roedd fy nghôt werdd i yn blanced am ei chorff eiddil. Fedrwn i ddim gadael heb ddweud rhywbeth wrthi. Pan sylwodd fy mod yn anelu tuag ati llamodd ar ei thraed, yn barod i redeg i ffwrdd.

'Lisa? Na, paid â mynd, Delyth ydw i, a dwi'n nabod Matt.'

Pan glywodd enw ei chariad disgynnodd yn ôl yn un swpyn ar y boncyff a mentrais innau yn nes ati gam wrth gam, yn araf bach. Ddywedodd hi 'run gair, dim ond dal i edrych i fyw fy llygaid nes i mi eistedd wrth ei hochr.

'Mae o wedi mynd i Fanceinion am ddiwrnod neu ddau,' eglurais, 'ac mi addewais iddo y byswn i'n galw heibio i dy weld tra mae o i ffwrdd ... i wneud yn siŵr dy fod di'n iawn.'

Dim ond amneidio â'i phen wnaeth hi, a gofynnais iddi lle'r oedd pawb arall. Pan atebodd fi o'r diwedd, prin y gallwn ei chlywed.

'Maen nhw o gwmpas y bwrdd efo Arthur.'

'O! Yn lle, felly?' gofynnais, er y gwyddwn mai yn y garafán fawr y tu ôl i ni roeddan nhw. Amneidiodd ei phen yn ôl yn awgrymog ond symudodd hi ddim modfedd o'i chorff i edrych i'r cyfeiriad hwnnw.

'Yn fan'cw.'

Trois i edrych ar y garafán a gwelwn drigolion y Lloches yn eistedd o gwmpas bwrdd oedd wedi ei osod o flaen y ffenest lydan, a channwyll yn olau arno. Roedd rhai wedi troi eu pennau i'n gwylio.

'Pam nad wyt ti efo nhw?'

'Dwi'n Alltud.'

'Be ti'n feddwl, Alltud?' gofynnais yn syn.

'Cael fy nghosbi am ...'

'Luned!' Galwodd llais Ceridwen arni oddi ar risiau'r garafán, a chododd Lisa'n syth i frysio tuag ati. Cyn iddi droi ei chefn arna i, gwelais yr ofn ar ei hwyneb.

'Yli, Lisa, dwi ddim am fynd o 'ma nes bydda i wedi cael cyfle i siarad yn iawn efo chdi. Paid â phoeni.' Ond roedd hi wedi mynd cyn i mi gael cyfle i ddweud mwy.

Eisteddais a'm cefn at Arthur a'i griw. Alltud, wir ... a gwneud hynny i'w ferch ei hun. Doedd gen i fawr o feddwl o Arthur, a finna heb hyd yn oed ei gyfarfod. O gofio'u bod yn fy ngwylio drwy'r ffenest, doedd gen i ddim dewis ond dychwelyd i'r garafán fach i ddisgwyl am Arianrhod. Fu hi ddim yn hir.

'Dyma chdi, yn dal yma,' meddai, fel petai yn synnu fy ngweld, ond nid yr un Arianrhod oedd hi â'r diwrnod cynt.

Roedd rhywbeth o'i chwmpas wedi newid. 'Ti'n barod am frecwast, dwi'n siŵr.'

'Be ddeudodd Arthur?' gofynnais, gan smalio fy mod yn awyddus i glywed ateb cadarnhaol.

'Mi ofynnodd i ni i gyd oeddan ni'n fodlon dy gael di yma efo ni, a phan welodd nad oedd gwrthwynebiad mi ddeudodd ei fod am dreulio'r bore'n ystyried y peth, a'i fod o am dy weld di ryw dro yn y pnawn. Ty'd, ma' Ceridwen wedi paratoi uwd ac mi fydd yn rhaid i ni dorchi'n llewys wedyn. Doedd Arthur ddim yn hapus iawn ein bod ni wedi casglu cyn lleied o goed ddoe. Mi fydd yn rhaid i ni weithio'n gletach heddiw.'

'Ond be am Li ... Luned? Mi wnes i ei chyfarfod hi gynna. Fu hi ddim allan yn gweithio ddoe, yn naddo?'

'Na, mae hi'n Alltud am y tro, a phan fydd Arthur i ffwrdd mae o'n ei chloi hi yn ei garafán nes y daw o yn ei ôl.'

'Be ti'n feddwl, Alltud?' gofynnais am yr eildro y bore hwnnw.

'Dyna mae Arthur yn galw pwy bynnag sy'n mynd yn groes iddo fo, ac mae Luned wedi bygwth dianc oddi yma sawl tro. Felly, nes bod Arthur yn fodlon ei bod hi wedi sylweddoli pa mor lwcus ydi hi i gael aros yma efo ni, mor lwcus ydi hi o gael tad sy'n meddwl gymaint ohoni ac sy'n barod i edrych ar ein holau ni i gyd, chaiff hi ddim symud cam os na fydd o o gwmpas. Cofia mai gwneud hyn er ei lles hi mae o.'

Am ffŵl o ddyn, meddyliais, a ffyliaid ydi pawb sy'n gwrando arno hefyd, yn byw mewn rhyw fyd ffantasi heb weld eu bod yn cael eu bwlio. Doeddwn i ddim am i Arianrhod weld y dirmyg ar fy wyneb, felly plygais i lawr i gymryd arnaf 'mod i'n cau carrai fy esgid. Fedrwn i drystio dim arni hi na neb arall yn y gwersyll, heblaw Lisa, oherwydd y gafael annaturiol oedd gan Arthur arnyn nhw. Pawb mor ddiolchgar iddo am edrych ar eu holau fel eu bod nhw'n barod i wneud unrhyw beth i'w blesio, hyd yn oed roi eu cyrff iddo. Tybed ai felly oedd o pan oedd o'n briod â mam Lisa, a'r ddwy wedi gweld trwyddo? Penderfynais ei chychwyn hi am y babell fawr, er nad oedd gen i fawr o chwant bwyd.

'Mae un peth yn dda,' parhaodd Arianrhod i siarad wrth i ni gerdded, 'mi fydd ganddon ni bâr arall o ddwylo i'n helpu heddiw. Mae Arthur wedi penderfynu gadael i Luned ddod i'r goedwig efo ni cyn belled â'n bod ni'n cadw golwg arni, rhag ofn iddi ddiflannu eto.'

Cododd fy nghalon. Siawns y byddai cyfle i mi gael sgwrs arall efo hi, felly, ond byddai'n rhaid i mi fod yn ofalus. Duw a ŵyr beth wnâi Arthur petai'n clywed unrhyw si fod gen i gysylltiad â Matt.

Er bod fy stumog wedi setlo ryw chydig roedd gweld yr uwd trwm yn y sosban yn codi cyfog arna i, a dim ond llond gwniadur a godais i'm dysgl. Yn wahanol i'r noson cynt roedd pawb yn eistedd yn barchus efo'i gilydd i fwyta, ac ymhen dim daeth Arthur i mewn ac eistedd ar ben pella'r bwrdd. Tawodd y sgwrsio yn syth, a theimlais dyndra yn yr awyr. Cododd Arthur ar ei draed a phlygodd ei ben.

'Diolch i ti, Lleu, ein duw, am ein cynnal. Cadw bawb yn y Lloches yn saff, yn glòs at ein gilydd a phaid â gadael i neb ein gwahanu. Rho nerth i bob un ohonom weithio'n galed er ein mwyn ni i gyd. Amen.'

'Amen,' medda finna, i ganlyn y lleill. Wel am gybolfa. Lleu ein duw, wir? Roedd yn amlwg fod y Celtiaid a'r Mabinogi yn rhyw fath o obsesiwn gan Arthur. Dechreuais deimlo piti drosto. Efallai fod ei feddwl ar chwâl ers blynyddoedd, ac mai salwch oedd wedi ei wneud o'n ddeublyg a milain. Beth petai o'n troi arna i?

Bwytaodd pawb heb ddweud gair: y dynion, y merched a'r plant. Roedd hyd yn oed y cŵn yn ddistaw. Ceisiais gael golwg gliriach ar Arthur heb dynnu ei sylw. Wrth godi pob llwyaid fechan o uwd at fy ngheg ro'n i'n troi fy llygaid am eiliad am gipolwg sydyn. Roedd Matt yn iawn, roedd golwg arw iawn ar ei wyneb ac roedd ei ben moel yn sgleinio ym mhelydrau'r haul cynnar oedd yn treiddio drwy gynfas y babell. Yn sydyn, cododd ar ei draed gan ysgogi pawb arall i wneud yr un modd, ac aeth allan heb yngan gair. Roeddwn yn sicr fod y babell wedi chwyddo rywfaint gan nerth yr ebychiadau o ryddhad a ollyngodd pawb ar ôl iddo fynd yn ddigon pell. Yna, ar ôl munud neu ddau, setlodd yr awyrgylch i lawr yn ôl a dechreuodd pawb sgwrsio unwaith yn rhagor. Choeliwn i ddim ei bod yn bosib i neb fyw fel hyn. Roedd ganddyn nhw'n amlwg ofn gwneud unrhyw beth fyddai'n troi'r drol. Oedd, roedd gan Arthur afael arnyn nhw, ond fedrwn i ddim rhoi enw arno fo chwaith. Parch? Diolchgarwch? Ofn?

Teimlais gywilydd ohona i fy hun. Roedd fy mywyd i wedi bod yn fêl i gyd, a doedd fy rheswm tila dros adael fy nghartref a'm teulu, hyd yn oed am ychydig ddyddiau, yn ddim i'w gymharu â phroblemau'r trueiniaid hyn. Edrychais o gwmpas y bwrdd: roedd Ceridwen wedi aberthu ei bywyd er lles ei rhieni, Arianrhod wedi dioddef trais yn ei chartref, Gwenalarch yn poeni am ei dyfodol, Goewin mor rhwystredig. A Pwyll ac Arawn, eu dau, eisiau cael eu derbyn fel ag yr oeddan nhw. Meddyliais am Peredur – roedd o'n ymddangos yn gryf. Sut fath o fywyd gafodd o, tybed? Mi wyddwn ychydig am fywyd Lisa, ond beth oedd hanes Arthur ei hun? Mae'n rhaid bod rhywbeth wedi cael effaith ofnadwy arno iddo fod wedi meddwl am greu'r Gymuned fel y gwnaeth o.

Chefais i ddim llawer o amser i freuddwydio cyn i Arianrhod alw arna i i fynd yn ôl i'r goedwig efo nhw. Doedd gen i ddim dewis ond eu dilyn.

'Chdi a fi sy'n gyfrifol am Luned bore 'ma, cofia,' meddai. 'Mae Arthur wedi'i rhoi hi yn ein gofal ni'n dwy. Dwi'n gobeithio na fydd hi'n creu gormod o drafferth i ni – mi ddylai fod wedi dysgu'i gwers erbyn hyn, y cythraul bach iddi. Pam ei bod hi'n rhedeg o 'ma bob cyfle gaiff hi, wn i ddim, ond mae Arthur wastad yn taflu'r bai arnon ni am beidio â chadw golwg arni hi. Ni sy'n gorfod ei ddiodde fo wedyn, fel dyn lloerig o gwmpas y lle 'ma, yn gweiddi a bytheirio, yn benderfynol o ddod o hyd iddi. Mi fysa'n well i bawb tasa fo'n derbyn y ffaith nad ydi hi isio aros yma, a gadael iddi fynd.'

Doeddwn i ddim am ddangos iddi bod gen i unrhyw

wybodaeth am hanes Matt a Lisa, felly ceisiais swnio'n ddiniwed wrth holi ymhellach.

'Ond pam mae o am ei chadw hi yma yn groes i'w hewyllys? Pa reswm sy ganddo fo i'w rhwystro rhag mynd?'

'Fedra i ddim deud wrthat ti pam. Pan ddois i yma gynta a chael Seiat efo fo, mi ddeudodd bod croeso i mi adael os na fedrwn i setlo i lawr yma. Ond roedd ei agwedd o'n wahanol iawn pan adawodd Math mor sydyn – mi fu'n flin iawn bryd hynny, ond dim byd tebyg i fel roedd o'n ymddwyn bob tro y byddai Luned yn dianc.'

'Math? Seiat?' Ceisiais ymddangos fel petawn mewn penbleth.

'Math oedd cariad Luned, a Seiat fydd Arthur yn galw'r cyfarfod pan fydd o'n derbyn pobl newydd yma ac yn cynnig bywyd newydd iddyn nhw. Pan fyddan nhw'n derbyn y cynnig, mi fydd o'n dewis enwau newydd iddyn nhw. Ar ôl iddo dy weld di pnawn 'ma mi drefnith Seiat i titha hefyd, gei di weld.'

Dim peryg, meddyliais, ond ddywedais i ddim gair.

Cododd Arianrhod a cherdded i gyfeiriad y garafán fawr, a daeth yn ei hôl yn tywys Lisa. Edrychodd hithau arnaf am eiliad ond roddodd hi ddim arwydd i ddangos ei bod yn gwybod pwy oeddwn i. Arweiniodd Arianrhod ni i'r coedwig; roedd Lisa y tu ôl iddi a minna'n cerdded fel rhyw swyddog carchar yn y cefn. Chwipiai pen Lisa o un ochr i'r llall o 'mlaen i, yn fy atgoffa o ewig yn chwilio am rywle i guddio rhag helgwn. Gwasgais ei hysgwydd yn dyner, a phan drodd i edrych arna i ysgydwais fy mhen i'w rhybuddio rhag gwneud unrhyw beth gwirion. Sylwais nad oedd fawr o sgwrsio a thynnu coes fel y diwrnod cynt – roedd pawb yn gweithio fel morgrug a phan ddaeth sŵn y gloch roeddem i gyd yn barod am hoe fach a rhywbeth i'w fwyta.

Yn ôl yn y gwersyll golchodd pob un ei ddwylo yn y bwced cyn bwyta, yn union fel y gwnaethant y diwrnod cynt, a defnyddio'r un hen liain pygddu i sychu eu hwynebau chwyslyd. Doedd y lle ddim gwell na gwersyll caethweision, ac edrychais ar y bobl o'm cwmpas gyda dirmyg. Siawns y byddent yn ddigon cryf gyda'i gilydd i sefyll fel un yn ei erbyn. Roedd rhywun yn rhywle yn siŵr o fedru eu helpu ... y Gwasanaethau Cymdeithasol? Ar yr wyneb roeddynt i gyd yn ymddangos yn fodlon eu byd, ond roedd y tensiwn a chwalodd pan adawodd Arthur y babell y bore hwnnw yn dyst bod rhywbeth yn corddi dan yr wyneb. Fedrwn i ddim deall y peth. Ond efallai ei bod yn hawdd i mi weld bai gan na wnaeth neb fy ngorfodi i briodi Lloyd, a hyd yn oed petawn wedi bod yn anhapus roedd Mam bob amser yno'n gefn i mi. Ac ar ôl iddi farw roedd Lloyd yno, yn graig. Fi ddewisodd blygu i'r drefn a threfnu fy mywyd i siwtio gwaith y fferm, fel yr oedd pob gwraig yn ei wneud bryd hynny, mae'n siŵr. Cefnogi eu gwŷr bob cam o'r daith ... gwneud eu bywydau yn haws. Talu'n ôl am yr holl waith caled roeddan nhw'n ei wneud i gadw'r blaidd o'r drws.

Gwenalarch ddaeth i eistedd wrth fy ochr y tro hwn, ac o gael golwg agos arni gallwn weld ei bod yn tynnu am ei deugain oed. Geneth fychan, fer oedd hi, a'i gwallt bron yr un lliw â f'un i cyn i mi wallgofi a gofyn am gael ei liwio'n binc. Heblaw fi, dim ond Goewin a Pwyll oedd wedi bod mor wirion â rhoi lliwiau erchyll yn eu gwalltiau – a dim ond nhw eu dau oedd yn gwisgo llinynnau lu o fwclis am eu gyddfau a modrwyau yn eu clustiau a'u trwynau. Roeddan nhw'n fy atgoffa o'r ddau welais i ar y bws i Fangor ... oes yn ôl. Ond ro'n i'n falch o un newid a wnes cyn dod yma – roedd y dillad llac yn teimlo mor gyfforddus amdana i ac mi fyddai'n chwith i mi newid yn ôl i fy jîns ar ôl mynd adref.

Roedd Gwenalarch wedi gorffen ei chawl cyn i mi fwyta hanner f'un i a throdd ata i, yn amlwg yn barod i sgwrsio. Fedrwn i ddim peidio â chymryd at ei gwên annwyl.

'Delyth ydw i,' meddwn toc i dorri'r ias, gan wthio'r bara toeslyd fel jou o faco rhwng fy ngwefl a 'moch.

'Ia, dwi'n gwbod. Mi ddeudodd Arianrhod wrthan ni. Ti 'di setlo yma?'

'Mae'n anodd dweud. Dim ond ddoe gyrhaeddais i, ond mae pawb yn ffeind iawn efo fi.'

'Mi fuon nhw'n ffeind iawn efo finna ar y dechra 'fyd. Chawson ni fawr o amser i siarad bore 'ma, naddo, ac mae 'na dipyn o waith i'w wneud eto pnawn 'ma cyn y byddwn wedi clirio'r coed i gyd. Mae Arthur yn disgwyl gweld y llannerch yn lân cyn nos, medda fo.' Oedodd i edrych ar fy mhowlen. 'Ti 'di gorffen? Ty'd, dwi bron â byrstio, a rhaid i mi fynd i'r lle chwech cyn mynd yn ôl at y gwaith.'

Wrth ei dilyn allan o'r babell winciais yn slei ar Lisa. Sylwais fod ei dysgl yn dal yn llawn at yr ymylon.

Brasgamai coesau byrion Gwenalarch heibio i'r carafannau.

'Dwi'n dal i deimlo'n annifyr wrth fynd i fama, 'sti; dim ond tair wal a'r lle'n agored i bawb fy ngweld i,' meddai bob yn ail â chipio ei hanadl fer. 'Ddylwn i ddim teimlo fel'na chwaith a finna 'di arfer mynd â hen bobl i'r toiledau pan o'n i'n gweithio mewn cartref gofal. Ond mae o'n wahanol pan wyt ti dy hun yn gorfod eistedd ar y pan a'r byd a'r betws yn pasio heibio, yn tydi? Ond dyna 'dan ni'n wneud yma ... rhannu a pheidio cuddio dim oddi wrth ein gilydd, dwi'n feddwl. Gwneud hynny o'n gwirfodd, dyna gyfarwyddyd Arthur yn y Seiat, ond mae'n reit anodd weithia. Mi gynigiodd i mi ddefnyddio'r bathrwm yn 'i garafán o nes o'n i wedi dod i nabod y lleill yn well, ond mi fyswn i'n teimlo mwy o embaras byth yn mynd i fanno rywsut.' Mae'n rhaid ei bod wedi synhwyro 'mod i'n teimlo'n anghyfforddus wrth ei chlywed yn parablu, a rhoddodd ei braich amdanaf. 'Hitia befo fi'n rwdlan,' meddai, 'mi ddoi di i arfar efo ni.' Trois fy nghefn arni a syllu'n ôl i gyfeiriad y gwersyll er mwyn iddi gael gwneud ei busnes, ond wnaeth hi ddim cau ei cheg am eiliad. 'Mae'n digwydd bod yn brysur arnon ni rŵan, a dim amser i ddim, ond pan ddaw'r gaeaf mi fydd ganddon ni ddigon o amser ar ein dwylo i gael dipyn o hwyl. Mae'n rhaid i mi chwilio am waith rhan-amser yn y cartref gofal ambell dro y tu allan i'r tymor tyfu, er mwyn dod â mymryn o bres i mewn i dalu am fwyd a nwy a ballu. Gobeithio wir y daw Arthur â chydig o gig i ni y dyddiau nesa 'ma, achos dwi 'di laru braidd ar yr holl ffa. Wedi dweud hynny, tydi bwyd llysieuol yn gwneud dim drwg i mi – dwi hannar yr hogan ddaeth yma i ddechra, a dwi'n teimlo'n well o lawer ac yn fwy sionc. Ond mi fasa coes cyw iar â'i chroen wedi crimpio'n frown neis yn tshênj weithia. Ty'd wir, mae 'nannedd i'n glafoerio wrth feddwl am y peth.'

Roedd Gwenalarch wedi codi a dod allan o'r lle chwech erbyn iddi orffen ei phregeth. Amneidiodd ata i ac at y toiled, ac ysgydwais fy mhen. Roedd yn well gen i fentro y tu ôl i goeden nag eistedd yn y fan honno yng ngŵydd pawb.

Erbyn i ni gyrraedd y coed roedd pawb arall yno'n barod, ac wrthi fel lladd nadroedd.

'Dewch yn eich blaenau, wir,' galwodd Peredur. 'Cynta'n y byd gawn ni orffen, gora'n y byd fydd hi arnon ni.'

Roedd Lisa'n codi ei phen bob yn ail â pheidio – tybed oedd hi'n gwneud yn siŵr nad oeddwn wedi ei gadael? – a chan ein bod wedi gweithio'n dawel a diwyd roedd y coed i gyd wedi eu clirio cyn amser swper. Wrth gerdded yn ôl i'r gwersyll roedd pawb mewn hwyliau da ac yn ceisio cofio geiriau cân 'Hei Ho' y corachod bach yr oedd Pwyll ac Arawn wedi dechrau ei chanu wrth ein harwain yn ôl. Sylwais fod gwefusau Lisa, hyd yn oed, yn symud, er na fedrwn glywed nodyn yn dod drwyddynt.

Roedd swper y noson honno yn fwy at fy nant na'r noson cynt: tatws a menyn a betys o'r ardd, ac er mai prin oedd y cig ar ein platiau, un sleisen fach denau o gig mochyn, roedd pawb i'w gweld wedi eu digoni. Roedd y tân yng nghanol y cylch yn fwy o goelcerth hefyd wrth i Peredur lwytho'r brigau mân arno. Sylwais fod Lisa'n eistedd ryw ddwylath oddi wrth Pwyll ac Arawn, a cherddais tuag atynt. Pan welodd fy mod yn anelu i eistedd wrth ei hochr symudodd fymryn yn bellach oddi wrthynt i wneud lle i mi. Teimlwn ei nerfusrwydd yn treiddio drwy'r gôt fawr ond doeddwn i ddim am afael yn ei llaw rhag tynnu sylw'r lleill oedd yn canu a chellwair efo'i gilydd. Pan welais nad oedd neb yn cymryd sylw ohonon ni gwelais fy nghyfle i siarad yn ddistaw efo hi.

'Ti'n lecio'r gôt 'na, yn dwyt?'

Amneidiodd â'i phen ei bod hi. 'Dod o hyd iddi yn y coffor

dillad ddoe wnes i – doeddwn i ddim wedi sylwi arni cyn hynny.'

'Na, fysat ti ddim – fi ddaeth â hi yma efo fi.'

'O, mae'n ddrwg gen i ... gewch chi hi'n ôl,' meddai, a dechreuodd godi i dynnu'r gôt.

'Paid â bod yn wirion! Cadw hi. Cael hyd iddi yn y siop Barnado's yn y dre wnes i, a'r rhain hefyd,' meddwn, gan amneidio at fy sgert laes a'r siwmper oedd yn ddigon di-raen erbyn hynny. Gafaelais yng ngodre'r gôt a thynnu Lisa i lawr i eistedd yn nes ataf. 'Ro'n i'n meddwl y byswn i'n ffitio i mewn yn well yma yn rhain nag yn fy nillad fy hun ... yn debycach i hipi,' chwarddais yn isel.

'Matt,' gofynnodd yn betrus, 'ydi o'n iawn?' Sylwais wrth i fflamau'r tân daflu eu golau arnom fod dagrau'n llifo i lawr ei hwyneb. Roedd pawb arall mewn cymaint o hwyl erbyn hynny felly mentrais afael yn ei llaw. 'Fedra i ddim aros yma ddiwrnod yn hirach. Fedra i ddim!' Dechreuodd Lisa grio o ddifri nes roedd ei hysgwyddau yn ysgwyd yn afreolus.

'O, paid, Lisa fach,' sibrydais yn ei chlust, 'paid â gadael i'r lleill dy weld yn crio fel hyn. Tydan ni ddim isio iddyn nhw feddwl am funud 'mod i'n nabod Matt, cofia, neu fydd gen i ddim siawns o fedru dy helpu.'

Erbyn hyn roedd y ferch ifanc yn igian yn isel ac yn mwmian yn dawel.

'Fedra i ddim ... fedra i ddim ... Arawn ...'

Edrychais heibio iddi ar Pwyll ac Arawn oedd ben wrth ben yn rhannu rhyw gyfrinach, yn eu byd bach eu hunain.

'Be am Arawn? 'Sdim isio i ti fod 'i ofn o, siŵr iawn. Mae o'n ymddangos yn ddigon diniwed – sbia arno fo a Pwyll yn sgwrsio.'

Ysgydwodd ei phen a phrin y gallwn ei chlywed yn sibrwd rhwng yr ochneidiau.

'Na ... Arthur.' Roedd poen lond ei llygaid wrth iddi edrych yn ymbilgar arnaf. 'Mae Arthur isio i Arawn rannu gwely efo fi, a fedra i ddim. Dwi isio Matt.'

'Ond ro'n i wedi dallt fod Pwyll ac Arawn yn ...?'

Torrodd Lisa ar fy nhraws.

'Mae Arthur yn dweud fod yn rhaid i bawb, dim ots pwy, rannu bob dim yma ... a fedra i ddim.'

Dechreuodd grio drachefn, a wyddwn i ddim sut i'w hateb. Pa fath o ddyn fyddai'n gorfodi ei ferch ei hun i wneud rhywbeth oedd yn ffiaidd ganddi? Byddai'n rhaid i mi ymyrryd – gwyddwn na fedrwn faddau i mi fy hun petawn yn gadael y gwersyll hebddi.

'Yli, Lisa fach, dwi yma rŵan i dy helpu di, a dwi'n addo i ti ar fy llw y bydda i'n mynd â chdi o 'ma efo fi, ac y bydd Matt yn disgwyl amdanat ti. Sycha dy ddagra, a thria gael noson dda o gwsg heno. Mi feddylia i am rwbath, siŵr i ti, erbyn y bora.'

Cyn i mi gael amser i ddweud mwy daeth Ceridwen atom o gyfeiriad carafán Arthur a dweud ei fod eisiau fy ngweld i. Rhoddodd Lisa rywbeth yn fy llaw cyn i mi godi, ac wrth i mi gerdded drwy'r tywyllwch i gyfeiriad y garafán cefais ddigon o amser i weld mai goriad y cwch roedd Lisa wedi ei roi i mi. Stwffiais o i mewn i fy mra. Yn rhyfedd iawn doeddwn i ddim yn teimlo ofn o gwbwl – mae'n rhaid 'mod i wedi cael nerth newydd o rywle ar ôl gweld cymaint roedd Lisa yn ei ddioddef. Cnociais ar y drws, ac aros nes clywais ei lais yn galw arna i i fynd i mewn.

'A! Dyma chdi, Delyth. Stedda.'

Eisteddais i lawr, a wnes i ddim tynnu fy llygaid oddi ar Arthur tra bu'n fy holi. Ro'n i wedi penderfynu eisoes na ddywedwn y gwir wrtho, ac wedi meddwl am stori i gyfiawnhau fy nyfodiad i'r Lloches. Dywedais fy mod wedi cael digon ar fywyd artist, wastad yn poeni o ble y deuai'r geiniog nesaf i dalu rhent fy nhŷ a'r stiwdio fechan ym mhen draw'r ardd, a 'mod i wedi penderfynu chwilio am fywyd newydd, symlach. Gwelais fod yr ateb hwn yn ei blesio'n fawr. Mae'n debyg bod yr arian a'r oriawr roedd o wedi'u cymryd oddi arna i'n ychwanegu at ei bleser hefyd, yr hen lwynog iddo fo.

'Mae croeso i ti yma efo ni. Rwyt ti wedi cyfarfod y rhan fwyaf ohonom bellach, mae'n siŵr, ac mi ddywedodd Peredur wrtha i dy fod yn barod i weithio'n galed ochr yn ochr â phawb arall. Ymhen rhyw ddiwrnod neu ddau mi fydda i'n galw Seiat, ac os wyt ti am ddal i fod yn rhan o'r Gymuned yma yn y Lloches, mi fydda i'n dewis enw newydd i ti. Cofia, rwyt ti'n rhydd i newid dy feddwl, a wnaiff neb dy rwystro di rhag gadael. Ond dwi'n gwbwl sicr y gweli di'n eitha buan pa mor braf fydd hi arnat ti yma, heb orfod gwneud yr un penderfyniad na phoeni am ddim tra byddi di'n byw yma. Fi fydd yn gwneud hynny drostat ti.'

Teimlais wres ei lygaid glas, glas yn llithro i lawr oddi wrth fy wyneb ac i lawr fy ngwddf cyn oedi ar fy mronnau a gweddill fy nghorff, a gwibiodd ias rewllyd drwydda i. Cefais gymaint o ryddhad pan gododd ar ei draed i nodi fod ein sgwrs ar ben, a phan faglais allan o'r garafán i'r awyr iach bu bron i mi â chwydu. Sychais fy ngheg ar fy llawes. Wrth gerdded yn ôl at y tân sylwais fod y merched yn troi am eu gwlâu, ond camodd Lisa heibio i mi tuag at garafán ei thad heb ddweud gair na codi ei phen i edrych arna i. Ro'n i mor falch o weld Arawn yn mynd fraich ym mraich efo Pwyll am eu carafán hwythau. Roedd Peredur yn tacluso'r lle tân ac yn edrych i fyny i'r awyr bob yn ail â chribinio'r lludw i'r canol, fel petai'n erfyn ar i'r lleuad ymddangos o'r tu ôl i'r cymylau duon oedd wedi bod yn ymgasglu'n fygythiol drwy'r pnawn. Roedd yr aer wedi troi'n annaturiol o drymaidd o ystyried yr amser o'r flwyddyn.

Gan na fyddai siawns i neb fy ngweld yn y tŷ bach yn y tywyllwch penderfynais fynd draw yno cyn troi am fy ngwely, ac erbyn i mi gyrraedd y garafán ro'n i'n falch o glywed Arianrhod a Gwenalarch yn anadlu'n ddistaw yn y gwely mawr.

12

Meddyliais yn siŵr fy mod ar y *Ladi Wen* yng nghanol storm pan ddeffrois yng nghanol y nos, gan fod y gwely'n ysgwyd o ochr i ochr oddi tanaf a diferion bras y glaw yn curo'n erbyn y to. Yna cofiais mai yn y garafán yn y chwarel o'n i, a bod y gwynt yn ei hyrddio o gwmpas yn union fel cwch ar fôr tymhestlog. Wyddwn i ddim ar y pryd mai hon oedd y storm waethaf i daro'r wlad ers blynyddoedd ... a 'mod i yn ei chanol hi. Erbyn i mi ddechrau gwisgo amdanaf yn y tywyllwch roedd y ddwy arall wedi deffro hefyd.

'Be sy'n digwydd?' gwaeddodd Gwenalarch mewn panig. 'Mae'r garafán 'ma'n siŵr o droi ar ei hochr!'

'Coblyn o storm,' eglurais, 'ond mi fyddwn ni'n iawn yng nghysgod y graig, 'sti. Paid â phoeni, a tria fynd yn ôl i gysgu.'

'Alla i ddim – dwi'n rhy oer. Mae'n hen bryd i ni gael mwy o blancedi ... pam na fysa Ceridwen wedi dod â mwy i ni?'

'Doedd neb yn disgwyl i'r tywydd droi mor fuan,' ychwanegodd Arianrhod. 'Yli, ty'd yn ôl i'r gwely, wir Dduw, yn lle sefyll 'fatha peth gwirion yn fanna. Ty'd titha aton ni, Delyth. Mi fyddwn ni dipyn c'nesach wrth swatio efo'n gilydd.'

Ymbalfalais am fy mhlanced a'i lapio amdanaf, a chan ei bod wedi oeri cymaint ers y noson cynt ro'n i'n fwy parod i fynd i orwedd efo'r ddwy arall. Roedd Gwenalarch yn crynu yn y canol rhyngdda i ac Arianrhod, a doedd dim golwg y deuai cwsg yn agos at yr un ohonon ni.

'Diolch byth ein bod ni wedi gorffen cario'r coed,' meddai Arianrhod. 'Fydd dim rhaid i ni fynd i'r hen goedwig 'na eto, siawns.'

'Mae'n iawn arno fo efo'i stof goed, yn glyd yn ei garafán, yn tydi?'

'Sh! Taw, Gwen. Paid â bod mor anniolchgar – mae o'n edrych ar ein holau ni, chwarae teg iddo fo, yn gofalu fod digon o fwyd a dillad. Be arall 'dan ni ei angen?'

Synhwyrais nad oedd Gwenalarch yn gwbwl hapus â'r ateb a gafodd, ac er mwyn ceisio darganfod mwy, dechreuais eu holi am Goewin a Ceridwen.

'Dwi'm 'di gweld llawer ar Goewin er pan ddois i yma ... swil ydi hi?'

'Swil, wir! Meddwl ei bod yn well na neb arall mae hi, ac ofn i ni ddenu ffafrau gan Arthur.'

'Mae hi'n fwy awchus i'w blesio fo na'r gweddill ohonan ni, yn tydi, Arianrhod?' awgrymodd Gwenalarch yn goeglyd.

'Wel, weli di ddim bai arno fo am gymryd ati, na fedri, a hitha'n hogan ifanc mor ddel. Does ryfedd fod Arthur yn treulio mwy o amser efo hi nag efo ni erbyn hyn – rydan ni'n dwy yn tynnu at ganol oed, yn tydan ... ac mae Ceridwen yn hŷn byth.'

Roedd drwgdeimlad a chenfigen yn ffynnu yn y Lloches, felly, er bod pawb yn cymryd arnynt eu bod yn cyd-fyw'n heddychlon. Ac ar Arthur roedd y bai am hynny, gan fod y merched yn cystadlu am ei sylw. Wel, wel. Gwelais fy nghyfle i holi mwy am Lisa, ond byddai'n rhaid i mi fod yn ofalus i ddewis yr enw iawn neu mi fyddai'r gath allan o'r cwd.

'Be am Luned?'

'O, fydd o fawr o dro yn ei setlo hi – rydan ni i gyd yn gwybod ei fod o'n bwriadu ei pharu hi efo Arawn. Tasa Luned yn cael plentyn mi fyddai gan Arthur fwy o afael ynddi hi, ac mi fyddai Math yn troi ei gefn arni hefyd. Rydan ni i gyd yn dallt mai dengid o 'ma i chwilio am Math mae hi bob tro y bydd hi'n diflannu, yn tydan, Gwen? Ond fel rwyt ti wedi sylwi bellach, Delyth, mae 'na un broblem fach efo cynllun Arthur, yn does?'

'Wel, oes – ac mae Luned yn anfodlon hefyd. Fedrith o mo'i gorfodi hi i gael perthynas fel'na efo Arawn, na fedrith?'

'Mae 'na sawl ffordd i gael Wil i'w wely. Mae gan Arthur

ddawn i berswadio pobl i wneud pethau sy'n groes i'r graen ...
a be arall fedrith Luned ei wneud, heblaw plesio'i thad? Biti na
fysa hi'n sylweddoli ei bod yn well ei byd yma efo'i thad, yng
nghanol ffrindiau, efo rhyddid i wneud fel fynnith hi – ar ôl
gorffen y gwaith mae Arthur yn ei roi iddi, wrth gwrs.'

'Mi ddylai Math fod wedi aros yma efo hi, dyna dwi'n 'i
ddweud,' torrodd Gwenalarch ar ei thraws, 'yn lle dengid o 'ma
fel y gwnaeth o.'

'Lle mae Math rŵan?' holais.

'Mae o'n dal ar hyd y lle 'ma, heb fod yn bell iawn, 'swn i'n
meddwl.'

'Pam nad eith Luned ato fo, 'ta, os ydi pawb yn rhydd i adael?'

'Tydi Arthur ddim yn fodlon iddi fynd, am ryw reswm, ond
weli di ddim bai arno fo. Mae'n debyg nad ydi o isio colli
rhywun sy'n gig a gwaed iddo fo. Ond ydi, mae'r peth yn dipyn
o ddirgelwch, y ffaith ei fod o isio dal ei afael fel gelen ynddi, a
phawb arall yn cael mwy o ryddid. Bob tro mae hi'n dianc mae
o'n mynd ar ei hôl hi, a phob tro, hyd yma, mae o wedi'i dal hi
hefyd. Mi ddaw Luned at 'i choed cyn bo hir, dwi'n siŵr, a
sylweddoli bywyd mor braf rydan ni'n 'i gael yma,' ymresymodd
Arianrhod.

Buom ein tair yn dawel am sbel, a phan godais roedd hi'n
dechrau gwawrio. Agorais ychydig ar gil y drws i edrych allan,
ond er na wnes i ond ei agor fodfedd neu ddwy cafodd ei gipio
o'm llaw gan y gwynt nes yr oedd o'n clecian ar ochr y garafán.
Bu'n rhaid i mi gamu i lawr dau ris cyn y medrwn gael gafael yn
ei ymyl a'i blicio oddi ar y talcen. Wrth i mi ymgodymu â'r drws
gwlychodd fy ngwallt nes ei fod yn blastar ar fy mhen, a
threiddiodd y glaw drwy fy nillad nes roeddan nhw'n glynu yn
fy nghefn a 'nghoesau.

'Mae'n andros o storm,' galwais ar y lleill, 'dwi 'di gwlychu'n
wlyb domen dim ond wrth gau'r drws!' Bu'n rhaid i mi dynnu'r
siwmper a'r sgert a'u taenu ar fy ngwely i sychu cyn llithro wysg
fy nghefn i mewn i'r gwely arall wrth ochr Gwenalarch. Doedd
gen i 'run cerpyn sych i'w roi amdanaf. Pan deimlais hi'n lapio

ei breichiau'n dynn amdanaf a dweud, 'Mi wyt ti fel corff – ty'd yn nes yma i mi gael dy g'nesu,' doedd dim amdani ond taflu fy nghywilydd o'r neilltu a chymryd arnaf mai Enfys oedd yn swatio y tu ôl i mi, yn union fel y gwnâi ers talwm pan fyddai'n cripian i fy ngwely ar ôl i hunllef ei dychryn a'i deffro.

'Mae'n braf cael chwiorydd, yn tydi,' meddai Gwenalarch toc. 'Fu gen i 'run, dim ond brodyr oedd lond y tŷ 'cw, a'r rheiny'n rhai swnllyd, blêr. Mi fuaswn i wedi rhoi unrhyw beth am gael chwaer fawr yn gwmni i mi ac i gadw fy mhart pan fyddai fy mrodyr yn fy mhlagio.'

'Doedd gen innau ddim chwaer chwaith,' meddai llais swrth Arianrhod o ochr arall y gwely. 'Be amdanat ti, Delyth?'

'Oedd … mi oedd gen i chwaer ers talwm.'

Ddywedais i ddim mwy wrthyn nhw. Ro'n i'n ei chael hi'n anodd cydymdeimlo â'r merched yma oedd wedi derbyn eu ffawd mor fodlon, a dim digon o blwc ganddyn nhw i herio Arthur, dim ond gadael iddo fo eu rheoli. Ond eto, mwya'n y byd ro'n i'n eu condemnio, mwya'n y byd ro'n i'n sylweddoli nad oeddwn innau fawr gwell chwaith. Bodloni ar fy myd ym Mhenbryniau heb adael i fy nyheadau nofio i'r wyneb.

Dechreuais ddyfalu tybed oedd Enfys wedi derbyn y llythyr bellach. Sut wnaeth hi ymateb i'r newydd dorrais i iddi? A oedd hi'n poeni digon i ddod i chwilio amdana i? O, pam na fuaswn i wedi deud wrthi lle roeddwn i, yn lle chwarae rhyw hen gêm wirion? Ond ar y llaw arall, efallai ei bod â'i bryd ar dorri cysylltiad â fi yn gyfan gwbwl ar ôl clywed y gwir.

Mi arhoson ni felly am sbelan yn gwrando ar y glaw a'r gwynt yn hyrddio'n erbyn waliau simsan y garafán: fi yn poeni a hel meddyliau ac yn ysu am gael gweld fy nheulu, ac Arianrhod a Gwenalarch yn sgwrsio'n dawel, nes i Arianrhod awgrymu y byddai'n syniad i ni godi a mynd i chwilio am frecwast. Ailwisgais fy nillad, oedd yn dal i fod braidd yn damp, ac agorodd Gwenalarch fymryn ar y drws gan ddal ei gafael ynddo'n dynn.

'Mi fyddwn yn socian os awn ni allan – ma' hi'n dal i stido

bwrw,' gwaeddodd, gan geisio codi ei llais yn uwch na rhu'r gwynt. 'Mi fasa'n well i un ohonon ni fentro i nôl cotiau i'r gweddill ... mae'n well i un wlychu na thair. Mi a' i.' Caeodd y drws yn glep a gwelais hi'n carlamu â'i phen i lawr drwy'r storm. Fu hi fawr o dro cyn dod yn ei hôl gyda bwndel o ddillad sych wedi eu clymu mewn hen gynfas.

'Well i ti newid, Delyth,' meddai, 'mae 'na ddigon o ddillad i ni'n tair yn fama a dwi 'di cael gafael ar gotiau i ni hefyd.' Ond doedd fy nghôt i ddim yn eu canol. Roedd yn gas gen i ollwng gafael ar yr unig eiddo oedd gen i ar ôl, er mai dillad o siop elusen oedd y rheiny, ond doedd dim troi ar Gwenalarch. Mynnodd fy mod yn gwisgo rhyw drowsus du oedd yn llawer rhy fawr i mi a siaced ffug-ledr felen. Mae'n debyg bod golwg eitha od arna i, ond doedd neb i'w weld yn poeni am bethau felly yn y Lloches.

'Ma' hi'n ddiawledig allan yn fanna, ond drwy ryw drugaradd does 'na ddim llawer o lanast. Mae pob dim i'w weld yn gyfan heblaw am ambell rwyg yn y babell, ac mae'r plant yn chwyrnu cysgu o hyd. Chlywson nhw mohona i'n turio yn y coffor dillad, ac mi ddeudodd Arthur y byddai o'n mynd i'r cwt heddiw i nôl y cynheswyr nwy i ni.'

Sylwodd Arianrhod fy mod yn gwrando ond heb ddeall, ac eglurodd fod y plant yn cysgu yn y llofft sbâr yng ngharafán Arthur lle roedd y dillad, y plancedi, y bwyd a'r nwyddau eraill yn cael eu cadw. Roedd Arthur yn cadw'r cynheswyr nwy ar gyfer pob carafán a chelfi i'r ardd yn un o'r hen gytiau chwarel, a doedd gan neb ond fo allwedd iddo.

Ro'n i'n falch o'r te poeth a'r uwd oedd yn disgwyl amdanon ni yn y babell. Cyn i mi orffen bwyta cerddodd Arthur i mewn a'i glogyn du yn chwipio o'i gwmpas, a distawodd pawb. Bu'n rhaid i mi atal fy hun rhag chwerthin wrth ei ddychmygu'n tynnu Caledfwlch allan o'r plygion a'i roi ar y bwrdd o'i flaen. Aeth drwy'r un ddefod o ofyn bendith rhyw dduw Celtaidd, yna cododd i siarad.

'Tydw i ddim yn disgwyl i chi wneud fawr ddim gwaith

heddiw, felly mae croeso i un ohonoch chi fynd i'r llyfrgell i chwilio am lyfrau i'w darllen. Yn anffodus, mi fydd yn rhy wlyb i ti, Peredur, fynd i weithio efo'r adeiladwr, ond bydd digon i'w wneud yma pan fydd y storm wedi pasio.' Edrychodd ar Gwenalarch. 'Wyt ti'n cofio dy fod yn gweithio o bedwar tan ddeg heno? Mi a' i â chdi i'r dref, os na fydd hi'n ffit o dywydd i ti gerdded. Peredur, mi gei di ddod efo ni – mae angen prynu poteli nwy a fedra i ddim eu codi nhw i gefn y pic-yp ar fy mhen fy hun. Ceridwen, mi gei di gysgu efo Arianrhod a Delyth heno gan y bydd hi'n hwyr ar Gwenalarch yn cyrraedd yn ôl, ac mi gei di, Goewin, gadw llygad ar Luned.' Ar hynny trodd ar ei sawdl, ac wrth iddo fartsio allan teimlais yr un gollyngdod â'r diwrnod cynt yn llenwi'r babell. Cododd Lisa ei phen am eiliad i syllu arna i a gwelais hi'n troi'r mymryn lleiaf ar ei llygaid mewn braw i gyfeiriad Arawn. Wyddwn i ddim a sylwodd unrhyw un o'r lleill.

Symudodd y dynion y meinciau at ei gilydd yn ddigon pell o afael y gwynt a daeth Pwyll â llond ei freichiau o gylchgronau a dau neu dri o lyfrau i ni. Gafaelais mewn cylchgrawn garddio, ac er ei fod yn hen fe'i darllenais o glawr i glawr gan synnu mor ddifyr oedd yr erthyglau. Llwyddodd y lluniau lliwgar o flodau a llysiau i godi fy nghalon. Fues i erioed yn un am arddio – ac yn sicr ddim yn un am brynu cylchgronau sgleiniog – ond rhoddwn unrhyw beth am fod adref ym Mhenbryniau yn yr ardd fach wyllt, er i mi gwyno sawl tro bod fy nhraed yn gwlychu wrth gario'r dillad at y lein a bod y danadl poethion yn pigo 'nghoesau ar y llwybr sindars. Ond gaddo a gwneud dim wnaeth Lloyd dros y blynyddoedd. Addo y byddai'n troi'r pridd ac ailhadu, ac yn prynu peiriant torri gwellt newydd i mi, ond wnaeth o ddim, dim ond tacluso rywfaint efo'i hen bladur rydlyd a'r cryman oedd yn hongian ar wal y sgubor ers dyddiau ei dad a'i daid bob haf. Gadael y gwair i orwedd yn wanafau blêr wnâi o ar ôl ei dorri, yn disgwyl i mi ei glirio i'r domen. Un fel'na fu Lloyd erioed ... un dydd ar y tro, ac mor ddigyffro. Efallai mai ei addfwynder tawel a'm tynnodd ato yn y lle cyntaf. Ar ôl i mi fynd adref, penderfynais, mi fynnwn dalu i rywun i wneud y gwaith caled erbyn y gwanwyn er mwyn i mi allu tyfu chydig o flodau a llysiau, fel y rhai yn y lluniau.

Ar ôl i'r gwaethaf o'r storm basio roedd hi'n reit braf eistedd yn y babell yn gwrando ar y gwynt yn cilio'n raddol ac ar y sgwrsio isel o'm cwmpas oedd fel suo gwenyn mêl. Roedd y plant yn weddol dawel hefyd, yn chwarae gyda'r ychydig deganau oedd ar y bwrdd mawr, a chodai Goewin neu Angharad atynt i dawelu'r dyfroedd pan godai unrhyw anghydfod. Erbyn canol y bore roedd y gwynt a'r glaw wedi gostegu digon i'r dynion fynd allan i weld maint y difrod, a dechreuodd Ceridwen baratoi cinio i ni. Pan ofynnodd i Lisa a finna nôl y tatws o'r storws bach wrth odre'r graig, gwelais fy nghyfle i gael sgwrs iawn efo'r ferch ifanc. Galwais ar Ceridwen fy mod am fynd i'r garafán ar y ffordd i newid yn ôl i'm dillad fy hun, ac y bydden ni chydig hirach na'r disgwyl. Ro'n i wedi sylwi bod Ceridwen yn ffond iawn o Lisa, a phan ddywedodd nad oedd brys mawr i ni ddychwelyd mi wyddwn ei bod wedi sylweddoli beth oedd fy mwriad.

Ar ôl gwibio at y garafán, caeais y drws ar ein holau a thynnu Lisa i eistedd ar y gwely wrth fy ochr. Roedd gen i gymaint o biti drosti nes y rhoddais fy mraich o amgylch ei hysgwyddau a'i thynnu'n nes ataf, yn union fel y buaswn wedi ei wneud i Llinos. Dechreuodd grio'n dawel.

'Paid, Lisa fach, mi fydd popeth yn iawn, 'sti. Bore fory pan fydd dy dad wedi mynd i ddanfon Peredur i'w waith mi gerddwn ni o 'ma ein dwy, a wneith yr un o'r lleill drio'n rhwystro ni dwi'n siŵr. Gei di aros efo fi ar y cwch nes daw Matt yn ei ôl – dwi ddim wedi crybwyll bodolaeth y cwch wrth neb yn y lle 'ma, felly mi fyddi di'n hollol saff yno, dwi'n addo.'

Ond dal i grio wnaeth Lisa, a mwmian drwy'r dagrau a'r llysnafedd, 'Heno ... heno ... Arawn.'

'Yli, mi ofynna i i Ceridwen ffeirio gwely efo chdi heno, ac os gwnewch chi hynny ar ôl iddi ddechra nosi wnaiff neb sylwi dim. Mi gei di ddod yma aton ni i gysgu, a ddaw Arawn ddim yn agos atat ti, mi ofala i am hynny. A beth bynnag, dwi ddim yn meddwl fod ganddo fo lawer o awydd ufuddhau i Arthur chwaith.'

Dal i ysgwyd ei phen roedd Lisa, ac ymbalfalais am hances bapur ym mhoced fy sgert, oedd ar y gwely arall. Doedd hi ddim yn lân iawn ond sychais wyneb Luned efo hi beth bynnag, gan nad oedd gen i ddim byd arall wrth law.

'Well i ni fynd yn ôl neu mi fydd Ceridwen yn methu dallt lle ydan ni.'

Rhoddais y sgert hir a'r siwmper goch yn ôl amdanaf er eu bod yn dal i deimlo braidd yn llaith, gan fy mod yn benderfynol o ddal fy ngafael ynddynt, yr unig bethau oedd yn perthyn i mi. Gwnes yn siŵr nad oedd modd i neb sylwi ar siâp allwedd y cwch yn fy mra.

Dangosodd Lisa i mi ym mha un o'r cytiau bach roedd y tatws yn cael eu storio, a rhoddais fy mhen i mewn drwy'r drws isel. Roedd yr un arogl sur yno ag a fyddai yn sgubor Penbryniau ers talwm – hen datws wedi crebachu ... a llygod. Byddai'n gas gen i stwffio fy llaw i waelod y sachau yno gan y byddai taten neu ddwy wastad wedi pydru cymaint nes eu bod yn teimlo fel trychfilyn gwlyb, marw. Estynnais i'r tywyllwch a gafael yng ngenau sach bapur, gan ddiolch ei bod yn ddigon ysgafn i mi fedru mynd â'r sach gyfan yn ôl i Ceridwen yn hytrach nag estyn i mewn iddi.

Daeth y dynion i chwilio am eu cinio ar ôl gorffen tacluso'r gwersyll, a wnaeth neb fawr o ddim drwy'r prynhawn heblaw eistedd yn y babell. Dechreuodd Goewin chwarae ei ffliwt ac ymunodd Pwyll â hi i'n diddanu â chanu hwyliog. Roedd Arianrhod yn crosio, a llond bag o wlân wrth ei thraed. Dywedodd wrtha i fod croeso i minna ar y pellenni lliwgar, neu os byddai'n well gen i gallwn ddatod yr hen ddillad gwlân roedd hi wedi eu prynu'n rhad yn y siopau elusen – byddai angen gwau cymaint o blancedi â phosibl cyn iddi ddechrau rhewi. Gwrthod wnes i gan na fues i fawr o gamblar ar wau na gwnïo, ac eistedd yn gwylio pawb arall yn stwna o gwmpas y babell. Ymhen sbel cydiodd y diflastod yndda i. Doedd bod yn segur ddim yn fêl i gyd, ystyriais, er 'mod i wedi deisyfu'r profiad cyn gadael Penbryniau.

Cododd Gwenalarch toc gan ddatgan ei bod am fynd i wneud ei hun yn barod ar gyfer ei gwaith, ac aeth Peredur i ddweud wrth Arthur na fyddai hi ddim yn hir. Codais innau, gan fod fy nghoesau'n binnau bach drostynt ar ôl eistedd yn yr oerfel. Es allan o'r babell gan gymryd arnaf 'mod i'n mynd i'r tŷ bach, ond ar ôl mynd o olwg pawb anelais i gyfeiriad y goedwig. Troesai'r glaw mawr yn fân ac ysgafn, fel niwl bron, yn cau am y brigau llwm a'r mwsog dan fy nhraed. Cerddais yn hamddenol o dan y coed gan anwybyddu'r diferion a ddisgynnai i lawr fy ngwegil – profiad oedd, mewn gwirionedd, yn well nag awyrgylch diflas y babell lle roedd pawb yn chwarae gêm o fwynhau cwmni'i gilydd. Pawb mor lwcus o gael Arthur yn rhedeg eu bywydau, mor hapus i fyw mewn cymuned fel y Lloches, pawb yn frodyr a chwiorydd ac yn rhannu popeth. Lol botes maip. Roedd y tensiwn rhwng rhai ohonynt yn amlwg ... a beth arall oedd i'w ddisgwyl o daflu cymeriadau o wahanol gefndiroedd at ei gilydd mewn lle mor gyfyng?

Roedd hi mor braf allan yn y goedwig fel fy mod yn gyndyn o droi yn ôl pan sylwais ei bod yn dechrau tywyllu. Ond ro'n i angen gofyn ffafr i Ceridwen cyn i'r lleill ymgynnull am swper, felly yn ôl i'r babell â mi.

Deuthum o hyd iddi uwch y stof yn troi potes dyfrllyd yr olwg, ar ei phen ei hun. Gwenodd arnaf, a mentrais ofyn iddi ffeirio gwely efo Luned y noson honno.

'Dwn i ddim, cofia,' oedd ei hateb. 'Mi fyddai Arthur o'i go' petai o'n dod i wybod. Unwaith mae o wedi dweud sut mae pethau i fod, does fiw i ni fynd yn groes iddo neu mi fydd yn chwarae'r diawl. Wela i ddim bai arno fo, cofia – fysa 'na ddim trefn ar y gymuned 'ma petaen ni i gyd yn trio rhedeg y lle.'

'Plis, Ceridwen, dim ond am heno. Mae Luned wedi cymryd ata i am ryw reswm, ac rydach chi'n gweld gymaint o loes iddi ydi bod yma heb ei chariad.'

Pan synhwyrais nad oedd Ceridwen yn hapus i newid ei meddwl, mentrais ddweud wrthi fy mod wedi cyfarfod Math a bod Luned eisiau fy holi yn ei gylch.

'Dwi'n gobeithio y medra i ymddiried ynddoch chi, Ceridwen, ac na wnewch chi sôn wrth neb am yr hyn ddywedais i wrthoch chi rŵan. Dim ond isio trosglwyddo neges gan Math i Luned ydw i: ei fod o'n dal i'w charu hi, waeth beth fydd hi'n cael ei gorfodi i'w wneud yma. Plis, Ceridwen.' Oedais i edrych o'm cwmpas. 'Ble mae Luned beth bynnag? Ro'n i'n meddwl mai ei thro hi oedd hi i baratoi swpar efo chi heno.'

'Tydw i ddim wedi'i gweld hi ers oriau ... mae'n debyg ei bod hi'n edrych ar ôl y plant efo Goewin, neu efo Arianrhod.'

'Mi a' i i ddweud wrthyn nhw fod bwyd bron yn barod, 'ta.'

Ond doedd neb wedi gweld golwg o Lisa – doedd hi ddim yn y garafán efo Arianrhod na gyda Goewin a'r plant yng ngharafán Arthur. Dechreuais chwilio, gan drio peidio gadael i'r lleill weld 'mod i'n poeni amdani. Cerddais yma ac acw o gwmpas y gwersyll, ond roedd hi wedi diflannu. Pan oeddwn yn ddigon pell o olwg pawb dechreuais redeg i fyny'r ffordd, oedd bellach yn fwdlyd ac yn frith o byllau duon ar ôl y glaw, yn y gobaith fod Lisa wedi manteisio ar y ffaith nad oedd Arthur na Peredur yn y chwarel er mwyn dianc yn saff. Efallai mai hwn fyddai ei hunig gyfle. Ro'n i bron â chyrraedd y gamlas pan faglais ar draws twmpath ar ganol y ffordd. Disgynnais ar fy mhengliniau, ac wrth geisio arbed fy hun sgriffiais gledrau fy nwylo yn y cerrig garw. Gorweddais yno am funud i geisio adennill fy anadl, cyn codi'n araf. Gwelais rywbeth yn sgleinio ynghanol y twmpath meddal – botwm pres, ac er bod fy nwylo'n llosgi rhoddais ysgytwad iddo. Fy nghôt werdd i oedd hi. Ro'n i'n bendant 'mod i'n dilyn y trywydd iawn felly, a bod Lisa wedi rhedeg i gyfeiriad y dref i chwilio am Matt. Ond wyddai hi ddim nad oedd o yno. Roedd yn rhaid i mi ei dal. Plygais y gôt yn flêr a'i rhoi o'r neilltu ar ochr y ffordd, gan ei bod yn rhy drwm i mi ei gwisgo os oeddwn am geisio dal i fyny efo Lisa. Dechreuais loncian gystal ag y medrwn, gan sylweddoli fod lefel fy ffitrwydd yn o lew o ystyried fy oed. Roedd yr holl oriau yn helpu Lloyd a Moss i gorlannu'r defaid wedi bod o ryw ddefnydd, felly. Ond doedd gen i ddim amser i feddwl am Benbryniau, os oeddwn i am ddod o hyd i Lisa cyn iddi nosi'n gyfan gwbwl. Teimlais fod rhyw bledren fawr y tu mewn i mi bron â ffrwydro a bod yn rhaid i mi arafu. Gorfodais fy hun i redeg er bod fy ysgyfaint ar fyrstio, ac fel yr oeddwn yn nesáu at droad yn y gamlas, o fewn cyrraedd i bont rhif 21, gwelais ei chysgod yn diflannu i'r gwyll. Roedd y pigyn yn fy ochr bron yn annioddefol ond cefais ail wynt o rywle a daliais i redeg, yn arafach y tro hwn, gan obeithio y byddai hithau'n dechrau blino rywfaint hefyd. Gwyddwn nad oedd hi'n bell oddi wrth y bont, ac roedd gobaith y medrwn ei dal cyn iddi droi i fyny'r llwybr am y dref. Yr unig sŵn a glywn oedd fy nghalon yn curo yn fy nghlustiau a f'anadl yn fegin wichlyd, ond wnes i ddim stopio. Ro'n i bron ar ganol y bont pan gydiodd llaw oer yn fy nghalon – roedd Lisa wedi codi ei chorff ysgafn dros y canllaw haearn ac yn sefyll ar y silff gul, yn ymestyn ei breichiau yn ôl i afael yn y canllaw. Gwyrai ei chorff dros yr ymyl a syllai i lawr i'r gwagle oddi tani. Safais yn stond.

'Paid!' gwaeddais, ond wnaeth hi ddim troi'i phen, dim ond dal i edrych i lawr i'r dyfnderoedd.

'Paid, Lisa, plis,' ymbiliais arni wedyn yn dawelach. Roeddwn yn ddigon agos ati bellach i weld bod ei chorff yn crynu drwyddo. Rhoddodd fy nghalon lam pan ollyngodd ei gafael yn y canllaw ag un llaw, gan adael iddi hongian yn llipa wrth ei hochr. Arhosais yn fy unfan, yn ofni anadlu rhag ofn i mi ei dychryn a gwneud iddi ollwng ei gafael yn gyfan gwbwl a phlymio i waelod y dyffryn islaw.

'Dwi ddim yn mynd yn ôl.'

Prin y clywais ei llais, ond gwyddwn ei bod o ddifri. Wyddwn i ddim beth i'w wneud, felly cymerais gam neu ddau yn ôl yn araf ac eistedd i lawr ar y llwybr. Eisteddais yno heb ddweud gair gan anwybyddu'r ysfa i weiddi arni ar dop fy llais a cheisio'i thynnu o afael perygl. Beth petai hi'n gollwng ei gafael yn y canllaw cyn i mi ei chyrraedd? Anghofiais am Arthur, Matt, y gwersyll a phopeth arall – dim ond hi a fi oedd yn bwysig.

'Lisa, fedri di droi dy ben i edrych arna i?' gofynnais yn dawel. Wnaeth hi ddim cydnabod fy llais. 'Lisa, be wnaiff Matt hebddat ti?'

Trodd ei phen y mymryn lleiaf pan glywodd enw ei chariad, a gwyddwn ei bod yn ystyried fy nghwestiwn.

'Yli, mi awn ni i'r cwch ... tydi o ddim yn bell a ddaw neb o hyd i ni yno. Mi ddaw Matt yn ei ôl fory neu drennydd, ac mae o'n siŵr o ddod draw i chwilio amdana i. Dwinna isio mynd adra at fy ngŵr hefyd, ond dwi'n addo na wna i symud cam nes i mi wneud yn siŵr dy fod di a Matt yn saff. Mae gen i blant tua'r un oed â chditha ... Llinos a Huw. Mi fyswn i'n gwneud rwbath i'w gwarchod nhw, ac mi wna i'r un peth i titha.' Gwenais wrth feddwl amdanynt. 'Mae Llinos yn byw yng Nghaerdydd rŵan ac yn ddigon annibynnol, ond mae Huw yn hollol wahanol, yn dibynnu ar 'i fam i wneud bob dim drosto fo. Rargian, wn i ddim be ddeudan nhw – na Lloyd, fy ngŵr – pan welan nhw fi. Sbia golwg sy arna i, dynes ganol oed efo gwallt pinc. Gwallt brown digon di-lun fu gen i erioed, 'sti, a dwn i ddim yn iawn pam y gwnes i ei liwio fo.' Gwelais ryw esgus fach o wên ar wefus isaf Lisa, a chymerais honno fel math o arwydd ei bod yn fodlon cyfathrebu efo fi. 'Ti'n meddwl, taswn i'n cerdded yn ara bach y tu ôl i ti a dy helpu i droi rownd, y medrat ti ddringo'n ôl dros y canllaw 'ma?'

Cefais gymaint o ryddhad pan welais ei phen yn rhoi yr amnaid leiaf i ddangos ei bod yn barod, a symudais fesul cam bychan tuag ati. Er na allwn weld yn glir i waelod y dyffryn, gwyddwn yn iawn pa mor isel oedd y caeau oddi tanom. Teimlais ias yn meddiannu fy meingefn wrth ddychmygu corff Lisa yn gorwedd yno'n swp diymadferth ymhlith y gwartheg. Gafaelais yn un o'i hysgwyddau.

'Dyna chdi, mi fydd popeth yn iawn rŵan, 'sti. Symuda dy droed dde at yr un chwith ... mi ddalia i fy ngafael yn dy fraich chwith di, a thro ditha'r llall heibio iddi yn ara deg rŵan. Deud wrtha i pan fyddi di'n barod i ddringo ac mi wna i dy helpu di. Paid â bod ofn.'

Dilynodd fy nghyfarwyddiadau a phan deimlodd ei thraed yn ddiogel ar y llwybr gafaelodd amdanaf yn dynn, a gwasgais hi ataf. Doeddwn i ddim tan hynny wedi sylweddoli bod y gwynt wedi codi drachefn, ac yn gymysg â'i wylofain roedd ein hochneidiau ni'n swnio fel haid o wylanod yn methu ffeindio'u ffordd yn ôl i'r môr.

Ar ôl i ni sadio ychydig gollyngais fy ngafael ynddi.

'Ty'd rŵan, cyn iddi dywyllu'n iawn. Fyddwn ni fawr o dro'n cyrraedd y cwch.'

Pharodd y teimlad o ryddhad ddim yn hir. Cyn i ni gymryd hanner dwsin o gamau gwelsom, ym mhen pella'r llwybr, gysgod dau yn symud yn frysiog tuag atom. Roedd un ar y blaen a'r llall, oedd yn hercian a llusgo'i goes y tu ôl iddo, yn trio dal i fyny efo fo.

'Tro'n ôl, Lisa – brysia, dwi'n siŵr mai Arthur a Peredur ydi'r rheina. Ty'd, rheda nerth dy draed! Mi wn i am le i guddio ond mae'n rhaid i ni gael y blaen arnyn nhw.'

Gwyddwn mai dim ond un siawns oedd ganddon ni i geisio'u twyllo. Ond a oeddwn i'n ddigon dewr i fentro? Erbyn hyn roedd hi bron yn rhy dywyll i ni weld y gamlas yn glir, a dim ond ambell lygedyn o olau'r lleuad ar y dŵr rhwng y cymylau oedd yn ein harwain. Dechreuais redeg, ond roedd y deiliach llithrig o dan fy nhraed yn fy ngorfodi i arafu. Ein hunig obaith oedd y byddai'r ddau oedd yn ein herlid yn gorfod arafu hefyd. Gallwn glywed sŵn ambell gerbyd ar y ffordd fawr uwch fy mhen, a chefais gip ar oleuadau'r stryd yn y pellter, yn arwydd ein bod bron â chyrraedd. Daeth y llwybr serth a arweiniai i fyny i'r dref drwy'r llwyni cyll i'r golwg a chyflymodd camau Lisa tuag ato, ond gafaelais yn ei braich i'w thynnu ar fy ôl yn syth i'r geg agored ddu oedd yn disgwyl amdanom.

13

Tynnodd Lisa ei braich yn rhydd a phan gamodd allan o'm gafael roedd panig yn ei llygaid. Roeddan ni ein dwy allan o wynt, ond daeth Lisa ati'i hun o 'mlaen i.

'Na, fedra i ddim. Fedra i ddim mynd i fewn i fanna.'

'Yli, Lisa, 'sgin ti ddim dewis. Y twnnel neu'r gwersyll, dewis di.'

Gafaelais yn ei braich drachefn a'i thywys ar fy ôl, a dilynodd fi'n gyndyn fel ci ifanc heb arfer efo'i dennyn. Arhosais i glustfeinio am unrhyw sŵn oedd yn ein dilyn, ond erbyn hynny roedd y gwynt yn cynddeiriogi yn y coed uwch ein pennau a smotiau bras y glaw yn disgyn yn swnllyd ar y gamlas wrth ein hochr. Er na chlywn sŵn traed y tu ôl i ni, gwyddwn fod y dynion yno yn rhywle.

Roedd wedi nosi'n llwyr bellach, a phrin y gallwn weld siâp y bont uchel a'r llwybr oedd yn ein harwain i mewn i'r düwch ofnadwy oedd o'n blaenau. Clywais leisiau o'r gorffennol yn fy herio wrth i mi godi fy llaw o 'mlaen i deimlo fy ffordd i mewn i'r twnnel. 'Delyth, Delyth ofnus ...' Roedd fy nghoesau'n protestio yn erbyn pob cam a gymerwn. Bu bron i mi â throi yn ôl i wynebu beth bynnag fyddai ein tynged, ond teimlais Lisa yn gwasgu fy llaw a chlywed ochneidiau ei dagrau.

'Ty'd, paid â bod ofn. 'Dan ni wedi dod mor bell, a wnân nhw ddim meddwl ein bod ni'n ddigon dewr i fentro i fama. Mi ân nhw'n syth am y dref, gei di weld.' Ceisiais swnio mor ddewr ag y gallwn.

Trois yn ôl i wynebu'r gwagle du a rhoi cam heriol yn fy

mlaen, ond wnes i ddim ystyried pa mor isel oedd to bwaog y twnnel uwchben a thrawais fy mhen yn y brics garw.

'Damia!' gwaeddais yn uchel. 'Plyga i lawr chydig, Lisa, a gafael yn fy sgert i. Mi fyddi di'n iawn wedyn.'

Gwyddwn fod yn rhaid i mi gadw'n nes at y gamlas lle roedd y to yn codi fymryn yn uwch os nad oeddwn am i'r un peth ddigwydd eto, ac er na welwn ddim, symudais ychydig i'r chwith yn betrus. Roedd gen i gymaint o ofn disgyn i'r dŵr. Cofiais i dafarnwr y Jolly Boatman sôn bod canllaw pren i fod rhyngof i a'r gamlas, ac ymbalfalais amdano. Unwaith y cyffyrddodd fy llaw y pren ro'n i'n fwy hyderus, a cherddais yn wargam yn fy mlaen gan deimlo'r wal garreg ar y dde i mi efo fy llaw arall. Bob hyn a hyn teimlwn blwc yn fy sgert pan fyddai Lisa yn bygwth baglu. Wrth i ni symud yn bellach i mewn i'r twnnel roedd sŵn y gwynt a'r glaw yn graddol ddistewi, a doedd dim golwg bod neb yn ein hymlid. Dim ond eco ein sŵn ni'n hunain yn tuchan oedd i'w glywed wrth i ni frwydro ar hyd y llwybr.

Arhosais i gael fy ngwynt ataf ymhen sbel, ac i drio cael gwared ar y pigyn oedd wedi ailafael yn fy ochr. Sythais gymaint ag y gallwn i heb daro fy mhen yr eildro.

'Sbia, Lisa, draw o dy flaen yn fan'cw. Dwi'n siŵr 'mod i'n gweld y pen draw … weli di chydig o lwydni yn y düwch 'ma?'

Er fy mod wedi cael rhyddhad o weld nad oedd neb wedi ein dilyn i mewn i'r twnnel, dechreuais ystyried ble i fynd unwaith y byddem wedi camu allan ohono. Fyddai'r caffi ar agor? Go brin, yr adeg honno o'r nos. Yr eglwys? Mi fyddai'r drws hwnnw ar glo hefyd, debycaf. Rhoddais fy mhen i lawr a chamu ymlaen yn ofalus tuag at y golau gwan. Ro'n i'n siŵr i mi weld gorsaf heddlu un diwrnod wrth gerdded o gwmpas y dref. Ond yn ble? Duw a ŵyr. A beth bynnag, go brin y byddai achos merch ifanc yn ffoi rhag ei thad yn fater i'r heddlu. Efallai y byddai'n well i ni aros yn y tywyllwch am sbel cyn ei mentro hi'n ôl i gyfeiriad y *Ladi Wen*, gan obeithio y byddai Arthur a Peredur wedi ildio a throi'n ôl am y gwersyll. O leiaf roedd cysgod yn y twnnel, ac unwaith y bydden ni'n cyrraedd y cwch mi allen ni gynnau tanllwyth o dân yn y stof a newid o'n dillad gwlybion.

Mi fuaswn wedi rhoi'r byd am gael Lloyd yno efo fi y funud honno. Mi fyddai o wastad yn gwybod beth i'w wneud mewn unrhyw argyfwng, bob amser yn gwneud y penderfyniad iawn. Pam fues i mor wirion â pheidio sôn wrtho fo yn y lle cynta be oedd yn fy mhoeni? Mi fyddai wedi deall yn iawn pam fy mod i am ddal fy ngafael yn y llestri, ac wedi medru fy helpu i esbonio hynny'n gall i Enfys. Roedd y cyfan yn ymddangos mor bitw erbyn hyn.

Teimlais law Lisa'n pwnio fy nghefn i fy annog i symud ymlaen yn gyflymach. Roeddwn ar fin awgrymu y byddai'n well i ni aros lle roeddan ni am chydig, pan welais gysgod yng ngheg y twnnel o'n blaenau. Rhwbiais fy llygaid a chraffu'n fwy manwl ... oedd, roedd rhywbeth yno. Trois ati a rhoi fy mys ar fy ngwefus i orchymyn iddi beidio yngan yr un gair a daliais gledr fy llaw ar ei hysgwydd i'w chadw yn ei hunfan. Amneidiais at y cysgod a symud ymlaen yn araf i geisio gweld yn gliriach, gan weddïo na fuaswn yn baglu a chreu unrhyw stŵr. Roedd silwét Peredur i'w weld yn glir yn erbyn y llwydni – mae'n rhaid bod y ddau wedi sylweddoli ein bod ni wedi mynd i mewn i'r twnnel, ac wrth groesi'r ffordd a rhedeg i fyny'r lôn byddai'n hawdd iddynt fod wedi cael y blaen arnon ni, hyd yn oed o ystyried coes glec Arthur. Fel yr oeddwn yn troi yn ôl at Lisa i roi arwydd iddi i'w gwadnu hi yn ei hôl, dallwyd fi gan belydr tortsh pwerus roedd Peredur yn ei anelu atom. Cefais fy mharlysu fel un o'r cwningod fyddai'n cael eu dal yng ngolau lamp hela Huw. Gwasgais fy amrannau i gael gwared o'r fflachiadau, ond doedd dim amser i'w wastraffu. Roedd yn rhaid i ni droi'n ôl. Drwy lwc, roeddan ni'n fwy cyfarwydd â'r llwybr bellach, ac wedi dechrau dod i arfer symud yn ein cwman. Rhuthrodd Lisa yn ei blaen a dilynais innau, ond wrth i ni gyrraedd llewyrch gwan goleuadau lampau'r stryd ar y dŵr y tu allan i ben arall y twnnel camodd cysgod du arall ar y llwybr. Roedd Arthur, yr hen gadno, wedi aros i ddisgwyl amdanom. Doedd dim modd dianc.

'Lun-ed! Lun-ed!' Clywsom eco ei ddeunod ffals yn treiddio uwchben rhuthr y gwynt yn y coed. 'Dyna chdi, Luned, o'r diwedd. Colli dy ffordd wnest ti? A phwy 'di hon efo chdi ... Delyth? Chdi sy 'na?'

Cyn i Lisa gael y cyfle i droi yn ei hôl roedd Arthur wedi rhoi ei law fawr fel gefail o amgylch ei braich a Peredur wedi dal i fyny â ni, ei wynt yn ei ddwrn.

'Mi fyddi di'n iawn rŵan, Luned fach. Mi edrycha i ar dy ôl di,' meddai mewn llais coeglyd. Gallwn deimlo'i grechwen er na welwn ei wyneb yn glir.

Dechreuodd Lisa wingo er mwyn ceisio rhyddhau ei hun, ond doedd ganddi ddim gobaith o ddianc o afael haearnaidd ei thad.

'Ty'd rŵan – yn ôl am adra. Mi gei di, Delyth, wneud fel leci di ...'

Am eiliad roedd y cynnig o ryddid bron yn ormod i mi ei wrthod, ond wrth weld Lisa'n sefyll yn llipa yng ngafael y dyn lloerig cefais ryw nerth o rywle, a phenderfynais fynd yn ôl i'r chwarel efo nhw. Fedrwn i ddim torri fy addewid, beth bynnag ddigwyddai. Ro'n i'n ymwybodol fod Peredur yn fy nilyn er na ddywedodd air o'i ben, gan ei fod yn anelu golau'r fflachlamp ar y llwybr o'n blaenau. Wrth fynd heibio i bont 21 roedd y demtasiwn i newid fy meddwl a dianc bron yn ormod i mi, ond dilynais Arthur, fel oen i'r lladdfa. Pan oeddem yn dilyn y llwybr i lawr at y ffordd i'r chwarel cofiais fod fy nghôt yno yn rhywle, ar lawr yn un bwndel. Dechreuais chwilio amdani, a chyn hir sylwais ar un o'i botymau pres yn sgleinio yng ngolau'r lamp. Plygais i lawr a'i chodi, gan dderbyn rhywfaint o gysur o'i phwysau llaith pan roddais hi dros fy ysgwyddau.

Roedd y tân yn y cylch wedi hen oeri erbyn i ni gyrraedd yn ôl i'r gwersyll ac aeth Arthur â ni'n syth i'w garafán o. Doedd dim golwg o Goewin, a chymerais fod y plant yn cysgu'n dawel ers oriau. Roeddwn yn lled ddiolchgar pan amneidiodd ei ben arnom i eistedd ar y seddi cyfforddus, gan fy mod mor flinedig ac oer. Aeth Peredur i'r gegin i roi'r tegell i ferwi, a dim ond ar ôl i Arthur agor drws y stof i roi darn o foncyff ynddi y teimlais don o wres yn chwalu drosta i.

'Dyma ni, yn deulu bach cytûn unwaith eto.' Eisteddodd Arthur gyferbyn â ni. 'Be wnawn ni efo'r Luned 'ma, deudwch? Mi fuest ti'n sgut iawn, Delyth, yn dod o hyd iddi fel gwnest ti, a dwi'n ddiolchgar dros ben i ti.'

Sylweddolais fod Arthur yn credu mai wedi dilyn Lisa er mwyn ceisio'i pherswadio i ddod yn ôl i'r gwersyll yr oeddwn i, yn hytrach na'i helpu i ddianc. Chwarae teg i Ceridwen, doedd hi ddim wedi agor ei cheg i'n bradychu. Daeth Peredur â phaneidiau i ni cyn gadael y garafán, ac er fy mod i'n falch o yfed f'un i er mwyn cynhesu, sylwais na chyffyrddodd Lisa yn ei the hi.

Buom yn eistedd yn y distawrwydd, y tri ohonom ni, nes i Arthur ddweud wrth Lisa am fynd i'w gwely yn ystafell y plant. Codais innau i fynd am garafán Arianrhod.

'Stedda am funud, Delyth, i ni gael sgwrs fach. Tynna dy gôt.'

Eisteddais, ond lapiais fy nghôt werdd yn dynnach amdanaf gan fynnu fy mod yn dal yn oer. Arhosodd Arthur nes i Lisa gau drws y llofft ar ei hôl, yna daeth i eistedd wrth fy ochr. Mae'n rhaid ei fod o wedi teimlo fy nghyhyrau'n tynhau wrth i mi symud ryw fodfedd neu ddwy oddi wrtho.

''Sdim isio i ti fod fy ofn i; tydw i ddim mor beryg â hynny.'

Cawn hi'n anodd credu hynny, yn enwedig am na wyddwn beth oedd ei fwriad. Chwiliais am ddigon o hyder i'w ateb.

'Tydw i ddim eich ofn chi, siŵr. Methu dallt dwi pam fod Li... Luned mor nerfus ac yn trio rhedeg i ffwrdd oddi yma.'

'Un fach nerfus fu hi erioed, a dyna pam y bydda i'n trio'i chadw hi yma efo fi yn saff, yn hytrach na gadael iddi fod ar drugaredd yr hen fyd mawr tu allan. Does gen i neb arall y medra i ei alw'n gig a gwaed i mi, ac os ddigwyddith rwbath iddi hi, fydd gen i neb wedyn.'

'Ond mynd mae plant, yntê? Dyna sy'n naturiol. Mae gen inna blant hefyd, a mynd wnaethon nhwytha ... gadael y nyth,' mynnais, ond chymerodd o ddim sylw ohona i, gan fod ei feddwl yn bell.

'Gadael wnaeth ei mam hi hefyd; jest mynd a 'ngadael i, a mynd â Luned efo hi.' Roedd Arthur yn syllu'n freuddwydiol i'r tân, ac yn siarad fel petawn i ddim yno. 'Ro'n i'n meddwl 'mod i'n gwneud y peth iawn, yn rhoi'r gorau i fy swydd a dechrau o'r newydd ymhell o bob temtasiwn roedd y byd yn ei gynnig i Sandra. Ro'n i wedi gwirioni 'mhen efo hi, er ei bod hi braidd yn chwit-chwat weithiau ac yn lecio jolihoetian yn y dre efo'i ffrindiau. Mi fyddwn i'n aros adref i ofalu am Lisa fach, yn hel meddyliau a dychmygu ble oedd hi a be oedd hi'n wneud, ac efo pwy.' Dyna'r tro cyntaf i mi ei glywed yn ei galw'n Lisa. 'Doedd gen i ddim dylanwad drosti os nad oeddwn i efo hi. Ro'n i'n dysgu mewn ysgol bryd hynny, yn trio cael fy nisgyblion twp i ddeall pa mor bwysig oedd y Gymraeg a'n diwylliant ni iddyn nhw – a drwy'r dydd, yn fy ngwaith, mi fyddwn yn meddwl am Sandra, meddwl efo pwy oedd hi. Doedd gan y rhan fwya o 'nisgyblion ddim owns o ddiddordeb yn y Mabinogion na'r Bardd Cwsg, ond o leia roedd gen i reolaeth reit dda drostyn nhw, ac roeddan nhw'n gwybod nad oedd fiw iddyn nhw gambihafio yn fy nosbarth i. Mi fyddwn i'n gallu darllen eu hwynebau nhw, pob un yn ysu am i'r gloch ganu er mwyn cael ei heglu hi o'r dosbarth. I be ro'n i'n gwastraffu fy amser efo nhw, a finna'n cyfri'r oriau a'r munudau nes y cawn fynd adref at Sandra? Mi fyddwn yn rhoi rhestr iddi bob dydd o bethau i'w gwneud tra o'n i yn fy ngwaith, dim ond i'w chadw'n brysur yn y tŷ nes y deuwn i adref ati. Er bod pethau'n haws yn ystod gwyliau'r ysgol, fedrwn i ddim cario ymlaen fel yr oeddwn i, ac mi benderfynais ymddeol yn gynnar a gwerthu ein tŷ teras bach, lle'r oedd y cymdogion yn busnesa dros ben y wal ac yn galw i weld Sandra y munud ro'n i'n troi fy nghefn ... roeddan nhw isio gwybod ein hanes i gyd, a hitha'n ddigon diniwed i ddweud bob dim wrthyn nhw, ac yn falch o gael siarad Saesneg efo nhw. Ro'n i ... roeddan *ni* wedi penderfynu na thorrai hi 'run gair â Lisa yn Saesneg, ond mi wyddwn ei bod yn anufuddhau y munud y croesai fy nhraed y rhiniog. Fedrwn i ddim diodda mwy o'i lol hi, a dyna pam y penderfynais chwilio am le arall i fyw, rhywle'n ddigon pell o bob temtasiwn. Dim ond hi a fi a Lisa fach.

'Llwyddais i ddod o hyd i hen dŷ ffarm gweddol fawr i'w rentu ymhell o bob man – digon pell i gadw Sandra adref, ac roedd gen i chydig o arian dros ben ar ôl gwerthu'r tŷ teras a thalu'r morgais. Roedd hi mor braf yno: hen dŷ mawr a choedwig o'i gwmpas, oedd yn golygu digon o goed tân i'n cynhesu, cyn belled â'n bod yn fodlon byw mewn un stafell. Roedd y gegin yn ddigon mawr i ni roi ein gwlâu yn un pen. Ond cyn hir dechreuodd Sandra anesmwytho, gan gerdded yn bellach a phellach i gyfeiriad y pentref, felly meddyliais y buasai'n setlo petawn i'n dod o hyd i gwmni iddi hi. Dechreuais fynd i'r dref a sgwrsio efo hwn a'r llall nes i mi gyfarfod cwpwl ifanc oedd ar fin cael eu troi allan o'u tŷ am fethu talu'r rhent. Yr ateb perffaith oedd eu gwahodd aton ni i fyw nes iddyn nhw ffeindio cartref newydd.

'Felly y dechreuodd pethau. O dipyn i beth bu i mi gyfarfod ag amryw o bobl, rhai ifanc fel arfer, oedd yn chwilio am le i fyw ... ond wrth i'n teulu estynedig ni dyfu daeth y landlord i gwyno ein bod yn mynd yn erbyn y cytundeb, a'n taflu ni allan. Mi fyddwn i wastad yn dod o hyd i gartref newydd i ni, a mynd a dod oedd y rhan fwyaf o'r bobl ddeuai i fyw efo ni, ond fel y gweli di mae rhai wedi penderfynu aros am eu bod yn hapus yma. Mi fu'n rhaid i ni symud ddwywaith neu dair dros y blynyddoedd – roeddan ni'n cael ein troi allan pan oedd y perchnogion yn ffendio bod mwy nag un teulu yn byw yn eu tai – cyn dod yma i'r chwarel. Doeddwn i ddim isio symud dros y ffin, ond doedd gen i fawr o ddewis. Roeddan ni wedi bod yn gymuned gydweithredol tan hynny, ond buan iawn y gwnes i sylweddoli mai dim ond trwy gael un pennaeth y byddai bywyd yn y Lloches yn gweithio, ac y byddai'n well i bawb ddechrau eu bywydau o'r newydd wrth gyrraedd yma. O'r diwedd roedd gen i drefn go dda, ac ro'n i yn fy elfen yn cynnig arweiniad i'r rhai hynny oedd wedi bod yn llithro drwy fywyd cyn dod aton ni. Ond roedd amodau: yn gyntaf, dim ond Cymraeg oedd i gael ei siarad gan aelodau'r Gymuned. Byddwn yn fodlon derbyn Saeson, ond ar yr amod eu bod yn dysgu'r iaith. Doeddwn i ddim am i Lisa dyfu i fyny yn siarad Saesneg. Yr ail amod oedd ein bod yn rhannu popeth efo'n gilydd.'

Cododd i agor drws y stof a rhoi coedyn arall ynddi, a sylwais yng ngolau'r fflamau fod golwg bell yn ei lygaid. Nid dyn cas, peryglus oedd Arthur, sylweddolais, ond dyn unig a digalon iawn, ymhell o realaeth a'i feddwl ar chwâl.

'Chawn ni ddim aros yn y chwarel 'ma'n hir iawn, dwi ddim yn meddwl. Mi wn fod cwyno yn y dref ar ein cownt ni, ac ymgyrch yn galw ar y cyngor i'n gyrru ni oddi yma. Fy mreuddwyd ydi cynilo digon o arian i godi tai crwn i ni fyw ynddyn nhw – dwi'n chwilio am saer neu ddau i ymuno â ni, all weithio i godi'r tai. Mae llain o dir addas o gwmpas Llansilin a Sycharth – tir sy'n fawr o werth ei ffermio – a dwi'n credu y galla i ddwyn perswâd ar y ffermwr i'w roi o i ni. Meddylia – byw fel yr oedd yr hen Geltiaid, yn hunangynhaliol, ymhell o drafferthion bywyd yr unfed ganrif ar hugain!'

Grasusa! Tybed oedd pawb arall yn gwybod am ei gynllun? Ceisiais feddwl sut i'w berswadio i adael i Lisa fynd i ddilyn ei chalon, unwaith ac am byth.

'Be ddigwyddodd i Sandra?' mentrais holi.

'Mynd wnaeth hi yn y diwedd, a mynd â Lisa efo hi. Allai hi ddim dygymod â byw mewn cymuned, yn aelod o un teulu mawr, ac roedd yn gwrthod ymateb i'r enw newydd rois i arni: Siwan. Ro'n i'n ymwybodol hefyd ei bod yn galw Lisa ar Luned yn fy nghefn, ac mi wnes i ei dal un diwrnod yn sibrwd wrthi, "Cofia dy enw – Lisa wyt ti, a phaid â gadael i neb ddweud yn wahanol". Y bitsh ddigwilydd iddi hi. Fel y bysat ti'n disgwyl, mi wylltiais yn gandryll a'i tharo ar ei boch. *Fi* oedd i ddweud. A phawb arall, gan gynnwys fy ngwraig, yn ufuddhau i mi. Fel arall byddai'r Gymuned yn chwalu, a ble fydden ni wedyn? Ro'n i eisiau rhoi enw Cymraeg arni hi pan gafodd hi ei geni, ond roedd Sandra'n daer mai Elizabeth oedd hi i fod, ar ôl ei mam.

Dyna'r unig dro, am wn i, y gwnaeth Sandra fy nghroesi. Ond dyna fo, doeddan ni ond wedi priodi ers chwe mis, a finna dros fy mhen a 'nghlustiau mewn cariad efo hi.'

Edrychais yn dosturiol ar y dyn wrth fy ochr. Roedd rhywbeth mawr o'i le arno os oedd o'n teimlo cymhelliad mor gryf i lywodraethu dros bawb. Ceisiais feddwl beth oedd wedi digwydd i wneud iddo deimlo felly.

'Mae gen inna ŵr a phlant hefyd.'

'O! Ond ro'n i'n meddwl mai artist oeddat ti, heb briodi na chael plant. Pam y gwnest ti eu gadael, felly ... neu ai nhw wnaeth dy adael di?'

Anwybyddais ei gwestiwn ynglŷn â bod yn artist, ond fyddwn i ddim gwaeth â dweud wrtho am fy nghefndir. Soniais fel y cefais fy llorio un diwrnod pan sylweddolais fy mod yn ganol oed ac yn dal i sefyll yn fy unfan, heb wneud dim o bwys o fy mywyd, ac fy mod wedi penderfynu gadael er mwyn cael amser i mi fy hun i feddwl. Ond wnes i ddim sôn fy mod wedi dechrau gweld pethau'n gliriach yn ystod y dyddiau blaenorol a sylweddoli mor lwcus oeddwn i o'm teulu a 'nghartref.

'Be ydi enwau dy blant?' Pan atebais, gwenodd. 'Llinos a Huw, enwau Cymraeg da. Luned Bengoch o'n i'n galw Lisa ers talwm. Wyt ti wedi darllen y llyfr? Roedd y plant yn yr ysgol yn gwrando'n well ar straeon felly nag ar yr hen chwedlau. Mi oedd gen i rywfaint o afael arnyn nhw pan fyddwn i'n darllen y rheiny iddyn nhw ... er mai hanes yr hen frenhinoedd a'r cewri oedd yn fy nghyffroi i.'

Dywedais wrtho fel y byddwn wrth fy modd yn darllen i'r plant cyn iddyn nhw fynd i gysgu, ond fy mod wedi gorfod gollwng fy ngafael ynddyn nhw fel roeddan nhw'n mynd yn hŷn, a gadael iddyn nhw fyw eu bywydau eu hunain. Soniais sut y bu i Llinos adael ac na wyddwn i lawer o'i hanes bellach, ac fel roedd Huw yn gwibio i mewn ac allan o'r tŷ fel y mynnai. Ond beth bynnag ddigwyddai iddyn nhw, fyddai dim yn newid y ffaith mai fy mhlant i oeddan nhw. Newidiodd ei olwg yn syth pan glywodd fi'n dweud hynny, a gwelais gynddaredd ddu yn lledu dros ei wyneb. Neidiodd ar ei draed a dechrau martsio o gwmpas y garafán gyfyng.

'Aiff Luned byth o 'ma! Fi ydi'i thad hi ac efo fi y dylai hi fyw. Taswn i'n cael gafael ar y Math 'na mi fyswn i'n hannar 'i ladd o am drio ei hudo o 'ma. Wna i byth adael i Luned fynd fel y gwnaeth ei mam.' Cododd ei lais yn uwch nes roedd o'n gweiddi ar dop ei lais, a'i wyneb yn mynd yn gochach efo pob gair. Dechreuais deimlo'n anghyffordddus – roedd cymeriad Arthur wedi newid yn gyfan gwbwl mewn chwinciad. Roedd yn camu'n wyllt yn ôl a blaen, yn gweiddi'n lloerig a phoer yn tasgu o'i wefusau. Am y tro cyntaf, sylweddolais mai siawns fechan oedd gan Lisa i ddianc oddi wrtho. 'Beth petai pawb yn symud o 'ma fel mae rhai wedi'i wneud dros y blynyddoedd? Fyddai gen i neb wedyn ... ond mi wna i'n siŵr y bydd Luned yma i edrych ar fy ôl i.'

Siŵr iawn. Ofn oedd arno, ofn cael ei adael ar ben ei hun heb neb. Dyna pam ei fod o am ddal ei afael ar Lisa, ei rheoli hi, a dyna wraidd ei gasineb. Yn ôl ei resymeg o, doedd dim o'i le ar gadw rhywun yn erbyn ei ewyllys os oedd hynny'n ateb ei ddibenion o'i hun. Doedd o ddim yn gallu meddwl yn ddigon clir i weld y byddai Lisa yn fwy parod o ddod i'w weld o bob hyn a hyn petai'n cael rhyddid i fynd a dod.

Arhosais iddo dawelu cyn mentro agor fy ngheg.

'Dwi'n meddwl yr a' i yn ôl at Arianrhod rŵan ... mi fydd yn amser gwely gyda hyn a dwi 'di blino braidd.'

Cododd Arthur ei ben yn sydyn pan sylweddolodd fy mod yn dal yno.

'Diolch i ti am helpu i ddod o hyd i Luned heno. Mi wna i'n siŵr na ddigwyddith hyn byth eto. Chaiff hi ddim symud o 'ngolwg i o hyn allan.'

'Wyddoch chi ei bod wedi trio neidio oddi ar y bont heno?' mentrais ofyn iddo.

Gwelwodd wyneb Arthur. Eisteddodd i lawr a rhoi ei ben yn ei ddwylo. Ddywedodd o ddim gair am rai munudau, a phan gododd ei ben gwelais fod ei lygaid yn goch.

'Mi fydd yn rhaid i ni symud cyn gynted â phosib, felly, i rywle digon saff … a digon pell, fel na all y Math 'na ddod o hyd iddi. Mi fuaswn i'n falch petaet ti'n dod efo ni yn gwmni i Luned. Dwi'n siŵr y byddai hi'n hapusach wedyn.'

'Mi feddylia i am y peth,' atebais, heb fwriad o wneud y ffasiwn beth.

'Noswaith dda i ti, Dyddgu,' galwodd ar fy ôl wrth i mi fynd allan.

Dyddgu? Roedd y dyn yn wallgof.

14

Gafaelodd yr oerni yng nghroen fy wyneb y munud y camais allan i'r nos, a theimlais fy ffordd i lawr y grisiau yn ofalus. Doedd neb o gwmpas, a hyd yn oed y cŵn wedi noswylio. Gallwn adnabod silwét y tair carafán arall gan fod golau gwan y tanau nwy a'r canhwyllau i'w gweld drwy'r ffenestri digyrten. Roedd Arthur wedi gofalu nad oedd neb na dim yn cael ei guddio – pe dymunai, gallai gerdded o gwmpas yn y nos a gweld popeth oedd yn digwydd y tu ôl i'r drysau caeedig. Gwelais innau fod Pwyll ac Arawn yn chwarae gwyddbwyll ar eu gwely a Peredur yn gwneud ymarferion corfforol yn y gofod cyfyng rhyngddynt a'r gwely arall. Safais yn y cysgod am funud, yn synnu gweld y tri yn edrych mor gartrefol yng nghwmni ei gilydd, heb olwg fod dim yn eu poeni. Cerddais heibio'r garafán nesaf a gweld Gwenalarch a Goewin yn eistedd o dan yr un blanced yn darllen yng ngolau'r gannwyll. Doedd dim golwg o Ceridwen – yn amlwg, roedd hi'n dal i fod yng ngharafán Arianrhod. Mi fyddai unrhyw un a ddeuai yno yn dod i'r casgliad bod y Gymuned yn lle heddychlon iawn i fyw, a phawb yn ddigon bodlon eu byd ... pawb ond Lisa.

Ond roedd teimlad o aflendid yn perthyn i'r lle oedd yn peri i gryndod redeg ar hyd fy nghorff. Gwyddwn na fedrwn ddioddef diwrnod arall yno. Roedd Lloyd a Phenbryniau yn teimlo mor bell ac mi fuaswn wedi rhoi unrhyw beth am gael bod yno. Ystyriais geisio perswadio Arthur i adael i Lisa ddod efo fi, ond ar ôl yr hyn a glywais yn gynharach gwyddwn nad oeddwn yn ddigon dewr i wneud hynny. Gallai Matt wneud y dasg honno ei hun.

Pan gyrhaeddais y garafán roedd Arianrhod a Ceridwen yn fy nisgwyl. Cododd Ceridwen at y drws i'm harwain i mewn.

'Ty'd i eistedd ... lle fuest ti mor hir?'

Eglurais sut y bu i mi dreulio'r awr flaenorol yng nghwmni Arthur, yn gwrando ar hanes ei berthynas â'i wraig a'i ferch.

'Welais i ddim dwy mor anniolchgar erioed, naddo wir!' ebychodd Ceridwen. 'Dwyt ti ddim yn cofio Siwan, yn nag wyt, Arianrhod? Doedd fiw i ni ei chyfarch wrth yr enw hwnnw, chwaith. "Sandra, i chi" fyddai'r sopan bowld yn ei ddweud pan fyddwn yn ei galw'n Siwan, a phan oeddan ni allan o glyw Arthur. Doedd hi ddim yn cuddio'r ffaith nad oedd hi'n hapus yma, efo Arthur a'i reolau, ac mi redodd i ffwrdd fwy nag unwaith a mynd â Luned efo hi. Wel, mi fyddai Arthur yn wallgof bob tro ac yn troi ei dymer at y gweddill ohonan ni nes y byddai wedi dod o hyd iddyn nhw a dod â'r ddwy yn eu holau. Ond gwaelu wnaeth Siwan druan, ac yn y diwedd mi fu'n rhaid iddo adael iddi fynd i fyw at ei mam. Pan fu hi farw mi wrthododd Lisa yn bendant â gadael ei nain – roedd y ddwy yn torri eu calonnau wrth feddwl am gael eu gwahanu, ac mi gytunodd Arthur i adael llonydd i Lisa, am y tro. Dyna'r tro cyntaf, am wn i, y gwelais i o'n ildio i neb, ond mi welwn fod rhywbeth yn ei fwyta'n fyw. Peth ofnadwy ydi colli plentyn neu riant, cofiwch. Dwi'n gwbod yn iawn sut deimlad ydi colli rhieni – roedd o fel colli darn ohona i fy hun, rywsut. Ond dyna ydi rhywun, yntê? Cig a gwaed dwi'n feddwl, rhan o'r un corff. Fedrwch chi byth dynnu dyn oddi wrth ei dylwyth, meddan nhw.'

Doedd gan Ceridwen ddim syniad faint roedd ei geiriau yn gwneud i mi feddwl am lythyr fy mam enedigol. Aeth yn ei blaen i sôn am Lisa a'i thad.

'Mi aeth bywyd y Gymuned 'ma yn ei flaen yn reit ddel am rai blynyddoedd ... pobl yn mynd a dod, cofia, ond roedd pawb yn reit fodlon eu byd. Wedyn daeth y plant, a finna wrth fy modd yn edrych ar eu holau tra oedd y bobl ifanc yn gweithio, yn trin y tir i dyfu llysiau, hel tanwydd a godro'r afr. Fedri di odro, Delyth? Mae'n siŵr dy fod wedi arfer a chditha'n byw ar fferm. Ac roedd Arthur yn edrych ar ein holau, chwara teg iddo fo. Mi wn i ei fod o'n colli'i dymer weithiau, ond roedd gen i biti drosto fo, mor unig ar ôl colli'i wraig a'i ferch. Ond yna, un diwrnod, daeth Luned yma i weld Arthur, yn annisgwyl iawn, a gofyn a gâi hi a Math aros yma. Mi fuaset yn synnu cymaint o wahaniaeth wnaeth hynny iddo fo. Roedd o wedi bywiogi drwyddo, ac mi newidiodd ei gymeriad er gwell. Ar y dechrau doedd o ddim yn hapus ei bod hi wedi dod â'i chariad yma efo hi, ond buan iawn y sylweddolodd fod yn rhaid iddo dderbyn Math os oedd o am gadw Luned.'

'Ia, dwi'n cofio hynny,' rhoddodd Arianrhod ei phig i mewn, 'ond doedd Math ddim yn rhy hapus yma, nag oedd? Allai o ddim dygymod â rheolau Arthur, yn enwedig bod pob dim i gael ei rannu rhyngddon ni i gyd. A doedd o ddim yn tynnu 'mlaen efo Peredur o gwbwl.'

'Nag oedd,' ategodd Ceridwen. 'Ti'n cofio'r noson honno pan eisteddodd Peredur wrth ochr Luned a rhoi ei fraich amdani? Mi aeth Math yn lloerig a chodi'i ddyrnau arno fo, ond buan iawn y sylweddolodd o pa mor gryf oedd Peredur a bu'n rhaid iddo roi'r gorau iddi. Welais i erioed y ffasiwn gasineb yn llygaid neb cyn hynny, a Math yn edrych fel petai o am ladd Peredur.'

'Dianc o 'ma wnaeth o efo Luned un noson, yntê?' parhaodd Arianrhod â'r stori. 'Ti'n cofio crio a nadu oedd hi pan lusgodd Arthur hi'n ôl? Wnaiff o byth adael iddi fynd, mae o'n benderfynol o hynny, ac mi fydd o'n cadw llygad barcud arni o hyn allan, gei di weld. Dwi'n siŵr ei fod o'n ddiolchgar i ti, Delyth, am ddod o hyd iddi hi heno.'

Ddywedais i ddim gair, dim ond tynnu fy nghôt a chymryd arnaf 'mod i wedi blino. Neidiais i'r gwely a chodi'r plancedi drosta i cyn troi fy nghefn arnynt. Parhaodd y ddwy i sgwrsio'n isel.

'Be wnaeth i Peredur ddod yma?' clywais Arianrhod yn gofyn.

'Dwi ddim yn siŵr be ydi'i hanes o, ond dwi'n gwybod ei fod o wedi ymuno ag un o'r lluoedd arfog pan oedd o'n ifanc. Mi fu damwain go ddifrifol ac mi gafodd o ei orfodi i adael. Wn i ddim mwy na hynny ond dwi'n meddwl fod Arthur yn gwbod y cwbwl, a bod beth bynnag wnaeth Peredur ddim yn ei boeni o. Methu ffendio'i le yn y byd mawr y tu allan wnaeth o, ar ôl cael ei gyhuddo o ba drosedd bynnag yr oedd o'n euog ohoni. Ond mae o'n fodlon ei fyd yma, ac yn help mawr i ni fel y gwyddost ti ... cyn belled â bod ei gyfrinach yn saff. Os dwi wedi deall yn iawn, mae rhywrai yn dal am ddial arno fo, y creadur. Ond mi fydd o'n saff yma, o dan awdurdod Arthur.'

'Ond mae o'n mynd allan i weithio ...'

'Ydi – Arthur sydd wedi trefnu efo'r adeiladwr fod Peredur yn cael chydig oriau o waith bob hyn a hyn ... does dim byd yn swyddogol ar unrhyw lyfrau. Fedri di weld pam mae'r trefniant hwnnw'n siwtio – mae o mor ffit, yn tydi, yn rhedeg milltiroedd cyn i mi godi bob bore. Mae Arthur yn dibynnu llawer ar Peredur, ac mi fysa fo wrth ei fodd yn ei baru o a Luned. Mi fyddai hynny'n eu cadw nhw'u dau yma, yn enwedig petaen nhw'n cael plentyn.'

'Ond ro'n i'n meddwl fod Arawn dan sylw fel partner i Luned?' Fedrwn i ddim peidio â throi atynt a gofyn y cwestiwn.

'Duwcs, dim ond chwarae plant fysa hynny. Rydan ni i gyd yn gwybod yn iawn lle mae calon Arawn – dod yma ar ôl Pwyll wnaeth o pan luchiodd ei rieni o allan.'

Syrthiais i gysgu ym murmur eu sgwrsio ond daeth yr hunllef arswydus yn ôl i droi yn fy mhen. Codais o'r gwely ac esgus mynd i'r tŷ bach yn hytrach na wynebu Arthur a'r llu marchogion yn fy nghwsg. Gwisgais fy nghôt a chodi'r flanced oddi ar y gwely a'i lapio amdanaf cyn sleifio allan. Symudais yn llechwraidd tuag at un o'r boncyffion ac eistedd arno. Roedd y gwynt yn fain a gwrandewais ar frigau'r coed yn siffrwd yn y goedwig. Bob hyn a hyn deuai pwl o awel gryfach i hyrddio gorchudd y babell fawr fel petai'n ceisio'i chodi i'r entrychion a'i chwalu. Syllais ar y cymylau duon yn hwylio yng ngolau'r lleuad, ac ambell seren yn wincian yn y gwagle rhyngddynt. Tybed oedd rhywun yn edrych i lawr arnon ni?

Wnes i erioed o'r blaen ystyried pethau mor rhyfedd oedd yn digwydd y tu allan i fy myd bach cul i. Cefais fy lapio mewn mantell o gariad erioed – yn Nhŷ Capel i ddechrau ac yna ym Mhenbryniau, lle rhoddodd mam Lloyd gymaint o groeso i mi. A Lloyd a'r plant. A wnaethon nhw fy nghymryd yn ganiataol gan fod y tri yn teimlo'n saff yn fy ngofal, yn sicr y byddwn yno iddyn nhw bob amser? Wnes i ddim poeni'n ormodol am amgylchiadau fy ngenedigaeth chwaith, dim ond rhoi'r cyfan o'r neilltu nes i mi deimlo'r rheidrwydd i ddatgelu'r cyfan i Enfys.

Wrth gymharu fy mywyd â ffawd y rhai roeddwn wedi dod i'w hadnabod yn y Lloches, sylweddolais mor lwcus oeddwn i. Matt druan, ei dad wedi ceisio cynllunio'i fywyd ar ei ran ... Ceridwen wedi rhoi ei bywyd yn gyfan gwbwl i ofalu am ei rhieni ... Arianrhod wedi bod mor anffodus yn ei dewis o ŵr ... Goewin a Gwenalarch yn methu gweld eu dyfodol yn glir ac yn ildio awenau eu bywydau eu hunain gan nad oedd dewis arall ... Peredur yn methu wynebu'r byd go iawn, ac wedi gweld erchyllterau, mwy na thebyg. Methodd Pwyll ac Arawn hwythau â chael eu derbyn gan eu teuluoedd. Ac Arthur. Methu cadw trefn ar bethau ar hyd ei fywyd: y disgyblion yn yr ysgol, ei wraig, ei ferch, ac wedi penderfynu mai gorfodi ei rym ar bobl oedd yr unig ffordd i'w cadw dan ei reolaeth. Ro'n i'n siŵr y byddai cymorth ar gael i bob un ohonynt y tu allan i'r Lloches, ond nid fy lle i oedd eu tywys oddi yma i'w ddarganfod. Yn y bore mi fyddwn yn mynd at Arthur i ofyn am fy eiddo yn ôl, a cherdded o'r chwarel heb edrych yn ôl.

Dychwelais i'r garafán i geisio dal ychydig o gwsg cyn iddi wawrio, ond er i mi dynnu'r drws cyn ddistawed ag y medrwn ar fy ôl clywais Ceridwen yn codi o'r gwely arall er mwyn llithro i mewn wrth fy ochr.

'Methu cysgu wyt ti?' sibrydodd yn fy nghlust.

'Ia, ond mi wnaeth chydig o awyr iach les. Mi fydda i'n iawn rŵan.'

'Ti am fynd a'n gadael ni, yn dwyt?'

'Ydw, y peth cynta'n y bore. Dwi am fynd adra at fy nheulu.'

'Chdi sy'n gwybod. Ond os oeddat ti'n hapus efo nhw pam wnest ti eu gadael nhw yn y lle cynta?'

'Rhyw hen hoen ddaeth drosta i ... methu deall be fues i'n ei wneud ar hyd y blynyddoedd, a rŵan dwi'n gweld mai fy newis i oedd aros adra i edrych ar ôl Lloyd a'r plant – am fy mod i'n eu caru nhw, a nhwtha'n fy ngharu innau. Wnaeth neb fy ngorfodi na fy nghadw'n gaeth yno. Arna i oedd y bai na fyswn i wedi chwilio am rwbath diddorol i'w wneud, rwbath oedd at fy nant. Fyddai Lloyd byth wedi gwrthwynebu, mi wn i hynny rŵan. Fi adawodd i mi fy hun fynd i ryw rigol undonog gan fod mor naïf â chredu na fedrai neb acw wneud hebdda i.'

'Ti'n lwcus. Doedd gen i neb ar ôl colli fy rhieni, ac ro'n i wedi mynd yn rhy hen i feddwl am gael plant ac i chwilio am waith. Ond dwi'n iawn yma, 'sti, mae gen i ddigon o gwmni ... a dwi wrth fy modd yn coginio a ballu iddyn nhw. Ac mae'r hen blant bach wedi fy nghymryd fel rhyw nain iddyn nhw.' Ochneidiodd cyn sibrwd ei chwestiwn nesaf. 'Delyth, nid mynd ar ôl Luned er mwyn dod â hi'n ei hôl wnest ti, nage?'

Doedd waeth i mi ddweud y gwir wrthi ddim – fyddai dim gwahaniaeth a finna ar fin gadael. Dywedais wrthi fel y gwnes i gyfarfod Matt, a 'mod i, y noson cynt, wedi bwriadu cuddio Lisa rhag ei thad nes y deuai Matt yn ôl o Fanceinion.

'Y beth fach. Mae o ar fai yn ei chadw hi yma'n groes i'w hewyllys. Nychu wnaiff hi a mynd yn wael, mi geith o weld, fel ddigwyddodd i'w mam. Paid ti â gadael i Arthur dy berswadio di i newid dy feddwl, cofia, Delyth. Dyna wnaiff o, dwi'n dy rybuddio di, ond mi fydd yn rhaid i ti sefyll yn ei erbyn a mynnu cael dy eiddo yn ôl.'

'Mi wna i, peidiwch â phoeni. A diolch i chi am ddeall, Ceridwen. Mi adawa i fy nghôt yma. Wnewch chi ofalu bod Luned yn ei chael hi?' Caeais fy llygaid a syrthiais i gysgu, fy nghydwybod yn dawel o'r diwedd.

Roedd y ddwy arall wedi mynd cyn i mi ddeffro yn y bore.

Gwisgais amdanaf, ond gadewais fy nghôt ar y gwely. Wrth basio'r babell fawr clywais Ceridwen yn brysur gyda'r llestri brecwast, ond wnes i ddim taro i mewn. Anelais yn syth tuag at garafán Arthur ac agor y drws heb gnocio. Pan gerddais i mewn roedd o ar ganol gwisgo amdano, a doedd dim golwg o'r plant na Lisa. Dechreuais siarad cyn iddo gael y blaen arna i, gan ddatgan fy mod wedi penderfynu gadael. Gwelais gyhyrau ei wyneb yn dechrau tynhau a'i lygaid yn duo, ond rhoddodd wên ffals i mi cyn dweud wrtha i am eistedd. Wnes i ddim.

'Ti'n siŵr? Waeth i ti heb â brysio i adael – mae pawb wedi cymryd atat ti, yn enwedig Luned. Mi fydd yn chwith iddi hi ar dy ôl di.'

Na, doedd o ddim yn mynd i gael newid fy meddwl drwy wneud i mi deimlo'n euog am adael Lisa.

'Dwi am fynd yn ôl adra at fy nheulu. Ga i fy mhethau yn ôl, plis?' Estynnais fy llaw tuag ato, gan drio ei dal yn wastad fel na sylwai Arthur arni'n crynu.

Rhoddodd Arthur un cam tuag at ei stafell wely, ond yna, fel bwled, trodd at y drws a throi'r allwedd cyn ei thynnu allan a'i rhoi yn ei boced. Digwyddodd y cyfan mor sydyn fel na wyddwn am eiliad beth oedd wedi digwydd. Syllais yn syn arno. Roeddwn wedi fy ngharcharu gan ddyn gwallgof. Agorodd ddrws y stafell wely arall gan fwmial rhyw orchymyn cyn ei gau a dod i sgwario o 'mlaen i.

'Stedda i lawr rŵan, i mi gael dweud rwbath wrthat ti. Pan fydd rhywun yn dod ata i i chwilio am loches mi fydda i'n disgwyl iddyn nhw ildio popeth i mi ac ymdoddi i'r Gymuned. Mi fydda i'n disgwyl iddyn nhw wneud eu siâr o'r gwaith ar hyd y lle 'ma ac mi fydda inna yn eu bwydo a rhoi lloches iddyn nhw. Mi fydda i'n disgwyl iddyn nhw aros yma am o leia bythefnos cyn penderfynu'n derfynol ydyn nhw am ymuno â ni ai peidio, ac yna mi fydda i'n galw Seiat a rhoi enw newydd iddyn nhw, er mwyn iddyn nhw gael dechrau eu bywydau o'r newydd. Wedyn, mi fydda i'n disgwyl iddyn nhw ddod yn rhan o'n teulu ni a rhannu popeth. Hyd yma, dim ond dy eiddo rydw i wedi'i gymryd oddi wrthat ti. Ond dwyt ti ddim yn fodlon aros yma fwy na thridiau, ddim yn fodlon rhoi cynnig iawn arni, a finna wedi dy groesawu a rhoi lloches i ti pan nad oedd gen ti unman arall i fynd. Wnes i erioed feddwl y byddet ti mor anniolchgar. Felly, mi gei di aros yma am chydig eto, ac mi ro' i ofal Luned yn dy ddwylo di nes y bydd hi wedi setlo. Yna, mi wna i ailystyried ... ac efallai y byddi ditha wedi newid dy feddwl erbyn hynny hefyd. Yn y garafán hon y byddi di'n aros o hyn allan, ac mi ddaw Ceridwen â dy fwyd i ti.'

Pythefnos! Roedd o am fy nghadw'n gaeth am bythefnos! Mi fyddai Lloyd wedi mynd i banig llwyr cyn hynny ac wedi galw'r heddlu. Mentrais ofyn i Arthur a gawn ddefnyddio ffôn, dim ond i wneud un alwad sydyn i ddweud wrth fy ngŵr 'mod i'n iawn ac nad oedd angen iddo boeni amdana i. Crechwenodd ac ysgwyd ei ben arna i, a gwelais nad oeddwn damaid haws ag ymbil arno. Roedd y dyn o'i go'. Aeth allan toc a chlywais yr allwedd yn troi yn nhwll y clo.

Daeth Lisa allan o'r llofft a golwg gysglyd arni, yn amlwg wedi cael ei deffro gan glep y drws, a phan sylweddolodd beth oedd wedi digwydd gwelwodd ei hwyneb a gafaelodd amdana i.

'Mae'n ddrwg gen i, Delyth. Fy mai i ydi hyn i gyd – heblaw amdana i fuasech chi ddim yn y twll yma.' Dechreuodd feichio crio a gwasgais hi'n dynnach ataf.

'Rho'r gorau i grio rŵan o flaen y plant,' dywedais pan welais wynebau bychain yn sbecian rownd cornel y drws. Gwenais arnyn nhw ond doedd gen i fawr o awydd codi i'w helpu i wisgo chwaith. Dynes ddieithr oeddwn i iddyn nhw, wedi'r cyfan, a buan iawn y symudon nhw'n ôl i'r llofft at eu teganau.

'Mi fydda i'n siŵr o feddwl am ffordd i ddianc o 'ma yn ystod y dyddia nesa.' Synnais at yr hyder yn fy llais fy hun wrth i mi drio cysuro Lisa: llais dipyn cryfach na llais yr hen Ddelyth.

Cerddais o gwmpas y garafán i chwilio am ddrws arall neu ffenest oedd yn agor digon i ni fedru gwasgu ein hunain drwyddi. Ond doedd dim gobaith. Doedd yr un drws arall ac roedd agoriad pob ffenest yn rhy gul. Yr unig obaith a welwn oedd i ni ruthro'r drws pan fyddai Ceridwen yn dod â'n bwyd i ni. Ro'n i'n siŵr na fyddai hi'n ceisio ein hatal rhag ffoi, a ph'run bynnag, fyddai ganddi ddim llawer o siawns yn erbyn dwy ieuengach na hi. Ond cefais fy siomi yn hynny hefyd. Pan glywson ni sŵn yr allwedd yn agor y clo roedd Luned a finna'n barod i redeg heibio Ceridwen pan agorai'r drws, ond safai Peredur yno wrth ei hochr. Galwodd ar y plant i ddod allan, ac wedi iddynt fynd rhoddodd Ceridwen yr hambwrdd gyda'n brecwast arno ar lawr y garafán, gydag edrychiad tosturiol. Doedd gan yr un ohonon ni awydd bwyta'r uwd.

Bu Lisa a finna'n eistedd yn dawel, heb ddweud gair bron drwy'r bore nes i ni glywed y cŵn yn cyfarth a sŵn rhywrai'n codi'u lleisiau. Cododd y ddwy ohonom i weld be oedd y stŵr, a phan symudais i edrych drwy ffenest y stafell wely oedd yn edrych allan tuag at y ffordd, bu bron i mi â llewygu. Wedi ei barcio yno roedd yr hen Volvo melyn, ac yn brasgamu ochr yn ochr gwelais Lloyd a Huw, yn anelu tuag at y babell fawr. Pan aethant o'r golwg roedd yn rhaid i mi ruthro i ffenest y lolfa fel y gallwn eu gweld drachefn, a theimlais Lisa wrth fy ochr, yn gafael yn dynn yn fy mraich.

Roedd Arthur a Peredur yn nrws y babell yn eu disgwyl a daeth pawb arall allan fesul un, yn wyliadwrus, y tu ôl i'r ddau. Chlywn i ddim be oedd yn cael ei ofyn na'r atebion, ond gwelwn Arthur yn chwifio'i freichiau a Peredur yn codi'i ddyrnau a rhoi cam tuag at Lloyd a Huw. Gallwn deimlo'r gwaed yn rhedeg o'm hwyneb, a'r hen forthwylio poenus yn fy mrest. Oedd Peredur am roi curfa i Huw neu Lloyd? Neu'r ddau? Doedd dim gobaith y gallwn eu rhybuddio. Cnociais ar wydr y ffenest a gweiddi nerth fy mhen i geisio cael eu sylw, ond roedd yn amhosib iddyn nhw fy nghlywed yng nghanol y miri. Roedd yn rhaid i mi dynnu fy llygaid oddi ar yr olygfa arswydus a'u hoelio ar fy migyrnau claerwyn, gan na allwn oddef gweld Peredur yn ymosod ar Lloyd druan na Huw. Mentrais daro cip drwy'r ffenest pan glywais y cŵn yn ffyrnigo – roeddynt wedi synhwyro fod sgarmes ar droed, ac am fod yn rhan ohoni. Rhedai'r ddau o gwmpas sodlau'r ddau ddieithryn, ond pan deimlodd un flaen troed Huw ar ei ben ôl dechreuodd udo a diflannu i'r goedwig a'i gynffon yn ei afl. Safodd Lloyd yn gadarn o flaen Arthur a Peredur, ac aeth Huw i'w boced a thynnu darn o bapur ohoni, a'i chwifio o dan drwyn Arthur. O'r diwedd trodd y ddau yn ôl i gyfeiriad y Volvo a gollyngodd Lisa a finna ein hunain i lawr ar y sedd hir o flaen y ffenest mewn anobaith, y ddwy ohonom yn gryg ar ôl gweiddi cymaint ac yn ochneidio crio gan gymaint ein rhwystredigaeth.

Ond yna tynnodd rhywbeth fy sylw drwy fy nagrau. Sychais fy llygaid i weld Ceridwen druan yn brysio â chamau byrion ar ôl Lloyd a Huw. Wedi iddi eu cyrraedd trodd gan amneidio tuag atom. Tynnodd hithau rywbeth o'i phoced a'i roi i Lloyd, a dechreuodd Huw ac yntau redeg nerth eu traed tuag atom. Roeddan ni'n dwy wedi codi ar ein traed drachefn ac yn chwifio ein breichiau yn y ffenest, a fues i erioed mor falch o glywed sŵn allwedd yn troi mewn clo. Baglodd Lloyd a Huw ar draws ei gilydd i ddod drwy'r drws a gafaelodd Lloyd amdanaf mor dynn nes iddo wasgu'r holl anadl allan o'm hysgyfaint. Taflais fy mreichiau am ei wddw a'i gusanu'n wyllt, cyn teimlo breichiau hirion Huw yn cau amdanom ein dau.

'Ty'd,' meddai Lloyd, yn ei lais tawel arferol, 'mi awn ni.'

Doedd yr un o'r ddau wedi sylwi ar Lisa druan, oedd yn sefyll draw ger y ffenest. Pan ofynnais iddi oedd hi am ddod hefyd, phetrusodd hi ddim cyn llamu atom. Gafaelodd Huw yn ei braich a'i harwain i lawr y grisiau ar ôl Lloyd a finna.

Pan welodd Arthur fod Lisa yn gadael efo ni herciodd mor gyflym ag y gallai tuag atom, a Peredur yn dynn wrth ei sodlau, nes yr oedd y ddau rhyngddon ni a'r Volvo.

'Lle ti'n mynd, Luned?' galwodd arni.

Gafaelodd Huw yn dynnach yn ei braich ac arafu rhywfaint, ond cerddodd Lloyd yn ei flaen yn bendant nes dod i sefyll fel soldiwr o flaen Arthur.

'A phwy ti'n feddwl wyt ti, felly?' gofynnodd yn gadarn.

'Arthur. Tad Luned. A tydi hi ddim i symud cam o'r lle 'ma.'

'O! deud ti … a faint ydi'i hoed hi?'

'Pedair ar bymtheg. Pam?'

'Mi geith hi benderfynu drosti ei hun felly.' Trodd Lloyd at Lisa. 'Be ti isio'i wneud?'

Roedd Lisa yn amneidio â'i phen, a phan sylwodd Lloyd ei bod yn rhy ofnus i ateb camodd yn ôl a gafael yn ei llaw cyn mynd â hi i sefyll yn nes at Arthur.

'Mae hi'n dod efo ni, yli. Mae 'na rywun yn disgwyl amdani, a dwi'n dy rybuddio di i adael llonydd iddyn nhw o hyn allan. Dallt?'

Ddywedodd Arthur ddim gair, dim ond sefyll yn syfrdan a Peredur wrth ei ochr, hwnnw hefyd yn edrych braidd yn llipa. Doedd neb wedi herio Arthur mor ffyrnig o'r blaen, mae'n amlwg, a wyddai o ddim yn iawn sut i ymateb.

Cyrhaeddodd y lleill o lech i lwyn, yn disgwyl i weld beth fyddai cam nesaf Arthur. Ond symudodd o ddim modfedd.

Cododd Lloyd ei lais drachefn. 'Oes rhai ohonoch chitha am adael hefyd?' Wnaeth yr un ohonyn nhw symud yr un gewyn, dim ond closio at ei gilydd fel teulu o gathod bach newydd-anedig, yn saff yn eu cynhesrwydd cyfarwydd … rhag ofn y byddai pwced o ddŵr yn eu haros.

'Dyna chi 'ta. Mi awn ni rŵan.' Arweiniodd Lloyd ni tuag at y Volvo. Wnaethon ni ddim edrych yn ôl na throi i ffarwelio.

15

Unwaith yr oedd trwyn y car wedi'i anelu oddi wrth y chwarel doedd dim diwedd ar fy holi.

'Sut ddaethoch chi o hyd i mi? Sut gwyddech chi lle ro'n i?'

'Yli, Delyth, paid â phoeni am hynny rŵan,' meddai Lloyd, 'mi ydach chi'ch dwy yn edrych yn uffernol.' Gwelais o'n rhoi cip yn y drych ar Lisa, oedd yn eistedd yn y sedd gefn wrth ochr Huw, oedd yn dal i afael yn ei llaw. 'Mi awn ni'n ôl at y lleill gynta, wedyn mi gawn ni siarad hynny leci di.'

'Lleill, pa leill?' gofynnais.

'Llinos ac Enfys, siŵr iawn. Maen nhw'n disgwyl amdanon ni ar y cwch ... a'r hogyn 'na hefyd. Be ydi'i enw fo rŵan? Cariad yr hogan fach 'ma?'

'Matt?' gwaeddodd Lisa o'r cefn. 'Lle mae o?'

'Ar y cwch yn disgwyl amdanat ti, 'mach i. Lle goblyn ydan ni'n troi hefyd, Huw, ti'n cofio?'

Rhedodd Enfys a Llinos i fyny gardd Kingfisher i'n cyfarfod a gafaelodd y ddwy yn dynn amdanaf.

'Mam! Lle dach chi 'di bod? Rydan ni wedi poeni'n ofnadwy amdanoch chi, yn do, Enfys? Asu mawr! Be ddigwyddodd i'ch gwallt chi?' Pan na chafodd ateb, trodd Llinos at Lloyd. 'Dad, sbïwch ar 'i gwallt hi ... mae o'n binc!'

'Hitia befo'i gwallt hi am y tro. Ma' hi yma'n saff, yn tydi? Hynny sy'n bwysig.' A gafaelodd Lloyd amdanaf unwaith yn rhagor cyn dechrau cerdded i lawr at y cwch.

Roedd Matt a Lisa yn sefyll ym mreichiau'i gilydd heb fod

yn siŵr iawn beth i'w wneud nesaf. Dechreuodd Matt ddiolch i ni ond torrodd Lloyd ar ei draws.

'Dewch, mi awn ni i gyd i mewn i gael panad a rwbath i'w fwyta – os medran ni i gyd ffitio, yntê! Mi fydd digon o amsar i siarad wedyn.'

Gafaelodd Enfys yn fy llaw. 'Fy mai i ydi hyn i gyd. Taswn i heb ffraeo efo chdi fysa hyn ddim wedi digwydd o gwbwl.'

'Paid â bod yn wirion, Enfys. Mi oedd y cwbwl yn llechu yng nghefn fy meddwl i ers tro, ma' raid, neu fuaswn i byth wedi ymateb fel y gwnes i.'

'Os oedd 'na fai ar rywun, fi oedd hwnnw.' Gwasgodd Lloyd fy llaw arall. 'Wedi dy gymryd di'n ganiataol dros y blynyddoedd, dy weld o gwmpas y tŷ bob dydd ond heb aros i edrych yn iawn arnat ti.'

Codais ar fy nhraed i chwilio am gwpanau te i ni. 'Dwi'n dal i ddisgwyl i chi ddeud wrtha i sut yn y byd ddaethoch chi o hyd i mi. Wnes i ddim sôn yn fy llythyr lle o'n i, naddo, Enfys?'

'Naddo, dim gair. Ond mi oedd 'na law goch ar ben y giât ar y cerdyn post roist ti yn yr amlen, a fues i ddim yn hir yn ffendio lle roedd honno. Ar ôl holi hwn a'r llall yn y dref mi ddaethon ni o hyd i'r cwch, a sylwi ar y pentwr lluniau oedd ar y bwrdd. Roedd un ohonyn nhw'n hollol wahanol i'r lleill – yn union fel map. Pan sylweddolon ni mai braslun o chwarel oedd o, efo carafannau a phabell ac ati, fuon ni fawr o dro yn dod o hyd i ti ... efo help Matt,' eglurodd Enfys.

Edrychais ar y pedwar, o un i'r llall. Sut yn y byd fues i'n ddigon lwcus i gael teulu mor ofalus? 'Mae'n ddrwg gen i ... wnes i ddim meddwl y byswn i'n creu cymaint o drafferth i chi.'

Sylweddolais fod Matt a Lisa wedi bod yn gwrando arnon ni heb ddweud yr un gair. Edrychai'r ddau mor unig, er eu bod wedi canfod ei gilydd. Symudais i eistedd rhwng y ddau a rhoi fy nwy fraich am eu hysgwyddau.

'Digwydd dod yma i chwilio amdanoch chi wnes i neithiwr, i weld beth oedd hanes Lisa, ac mi welais y car wedi ei barcio wrth y giât,' meddai Matt.

Aeth pawb yn ddistaw am ennyd, cyn i Lloyd darfu ar y distawrwydd.

'Wel ... 'sa'n well i ni 'i throi hi. Ti'n barod, Delyth?'

'Rhosa am funud, Lloyd. Be sy'n mynd i ddigwydd i ti a Lisa, Matt?' gofynnais. 'Be tasa Arthur yn dod i chwilio amdanoch chi?'

Gwelais fod Lloyd yn ystyried fy nghwestiwn, ac atebodd toc. 'Fysach chi'n lecio dod i aros efo ni am sbel, nes y byddwch wedi cael eich traed 'danach? Mi fyswn i'n gallu gwneud efo help ar y ffarm cyn y gaeaf – ac mi fysat titha, Delyth, yn medru gwneud efo rhywun i dy helpu yn y tŷ, yn bysat? Dim ond am fis neu ddau, nes y byddwch chi wedi dod o hyd i rywle gwell i chi'ch hunain. Mae gynnon ni ddigon o le yn y llofft sbâr, yn does, Delyth?' Rhoddais fy mreichiau amdano a chusanu ei foch pan welais y wên ar wynebau'r cwpwl ifanc.

Dechreuais hel fy nillad i'r bag mawr, a sylweddolais fod fy arian a'r oriawr yn dal ar ôl yn y chwarel. Chwerthin wnaeth Lloyd pan ddywedais wrtho.

'Twt, hitia befo. Dim ond pethau ydyn nhw. Sbia be sy gynnon ni yn fama – dyna sy'n bwysig. Mi bryna i watsh newydd i ti pan gawn ni gyfle i ddianc o 'cw am ddiwrnod neu ddau. Ella y bydd hynny'n haws rŵan, efo Matt a Lisa yn aros acw.'

Roedd Huw, Llinos ac Enfys wedi cychwyn am y car ym mhen y lôn ac aeth Lloyd ar eu holau.

'Fydda i ddim yn hir, Lloyd, dim ond rhoi chydig o drefn ar y lle 'ma. Y peth cynta fydd yn rhaid i mi ei wneud ar ôl mynd adra ydi ffonio Nerys, i ymddiheuro iddi am y llanast ar ddrws y cwch 'ma ac anfon arian iddi hi at brynu drws newydd.' Ar ôl torri i mewn i'r cwch i chwilio amdanaf roedd Lloyd a Huw wedi prynu clo clap yn y dref, a gallai hynny wneud y tro nes cael ei drwsio'n iawn.

Wrth i Matt a finna gasglu'r lluniau at ei gilydd, trodd ataf yn sydyn.

'O! Delyth – cyn i mi anghofio, tra o'n i ym Manceinion mi fues i'n ymchwilio i hanes yr artist roedd eich lluniau chi yn fy atgoffa ohoni. Mi ddois i ar draws peth o'i gwaith hi mewn oriel fechan yno. D. M. Wynne oedd ei henw, Cymraes wedi ei geni yn Sir Fôn, ac mi baentiodd ddegau o luniau o adeiladau hardd a thirluniau o wahanol wledydd ledled y byd. Dora Mary oedd ei henw llawn, a bu farw'n ddynes ganol oed yn ne'r Eidal. Yno y claddwyd hi, mewn pentref bach o'r enw Sant'Agata. Roedd rhieni ei phartner yn byw yno hefyd, a nhw fu'n magu eu hwyres fach.'

Safais fel petawn mewn parlys. Fedrwn i yngan yr un gair. Sychodd fy ngheg yn grimp wrth i'm meddwl garlamu, a phlygais fy mhen yn is dros y lluniau i geisio tawelu'r ebychiadau oedd yn bygwth ffrwydro o waelod fy mol i chwalu fy mywyd cyfforddus unwaith yn rhagor.

Llusgais fy nhraed i fyny'r ardd at y car gan geisio osgoi edrych ar wyneb Lloyd, ond roedd yn fy adnabod yn rhy dda. Sylwodd yn syth fod rhywbeth yn bod, ond fedrwn i ddim egluro iddo. Fedrwn i ddim dweud wrtho, y pnawn hwnnw, fy mod yn meddwl 'mod i wedi baglu ar draws yr hyn a fu'n llechu ym mêr fy esgyrn ers bron i hanner canrif.

Trodd Lloyd drwyn y Volvo am adref ac eisteddais wrth ei ochr heb awydd siarad. Wrth i ni gefnu ar y cwch edrychais ar ei wyneb annwyl, cyfarwydd, yn canolbwyntio ar y ffordd o'i flaen. Yna taflais gipolwg yn y drych ar y llwyth oedd y tu ôl i ni. Llinos, Enfys a Lisa yn y sedd gefn a Huw a Matt yn y trwmbal, wedi gwneud eu hunain yn gyfforddus ar ben fy magiau. Clywais lais chwareus Huw yn dod o'r cefn.

'Sori, Mam, ond mae golwg y diawl ar eich bagiau chi ar ôl i ni eistedd arnyn nhw, wedi crebachu allan o fod! Ond fyddwch chi ddim yn debygol o fod 'u hangen nhw'n fuan iawn, na fyddwch?'